Ich schenk' dir einen Kindertag

J&V

Renate Welsh

Ich schenk' dir einen Kindertag

Jugend und Volk Wien München

ISBN 3-224-1-1431-2 Jugend und Volk Wien
Einband: Gerlinde Artaker
Graphik: Claudia Mayr

© Copyright 1987 by Jugend und Volk
Verlagsgesellschaft m.b.H. Wien – München
Alle Rechte vorbehalten. 5330-87/1
Satzherstellung: Druck Plöchl, Freistadt
Druck: Wiener Verlag, Himberg

Inhalt

   I. Kapitel, in dem Fanny eine Idee hat 17
  II. Kapitel, in dem die Kinder aus der Helmut-Domenego-Gasse 60 sehr viel zu tun haben 27
 III. Kapitel, in dem das Fest beginnt 36
  IV. Kapitel, in dem es immer lauter wird 50
   V. Kapitel, in dem sich mehrere Leute sehr wundern 59
  VI. Kapitel, in dem viele Fragen ohne Antwort bleiben und einigen Hausbewohnern sehr schwindlig wird 80
 VII. Kapitel, in dem viel ungebetener Besuch kommt 96
VIII. Kapitel, in dem die Seifenblasen platzen .. 106

*In diesem Haus, Helmut-Domenego-Gasse 60,
wohnen die Großen und die Kleinen,
die Dicken und die Dünnen, die Alten und die
Jungen, von denen diese Geschichte erzählt.
Auf den folgenden Seiten stellen wir sie euch vor:*

Mutter: Gabi Manolfo (40), U-Bahnführerin, mag ihre Töchter Anna und Gila, Spargel mit brauner Butter und das Opernkonzert im Radio.
Sie mag nicht: Unpünktlichkeit, Elternsprechtage und daß sie so leicht rot wird.
Sie träumt von einer Reise nach Timbuktu und sammelt Reiseprospekte.
Tochter: Anna Manolfo (13) mag Cornelius (was er aber nicht wissen darf) Marienkäfer und flauschige Pullover.
Sie mag nicht: Physiktests, Springen vom 5-Meter-Brett und Atomkraftwerke.
Sie träumt davon, Schauspielerin zu werden.
Tochter: Gila Manolfo (9) mag Angelika Kolberg, Pferde und Erdbeeren.
Sie mag nicht: die Mandeln gepinselt bekommen, Heimkommen in die leere Wohnung und Leute, die schreien.
Sie träumt davon, reiten zu lernen.

Vater: Paul Kisutzki (33), Architekturstudent und technischer Zeichner, mag das Kuscheln am Sonntagmorgen mit Frau und Kindern, alte Jazzplatten und Bergwanderungen.
Er mag nicht: Angst vor Prüfungen, wilde Autofahrer und Spinnen.
Er träumt davon, ein Planetarium zu bauen und einen neuen Stern zu entdecken.
Mutter: Barbara Kisutzki (33), Werkzeugmacherin, mag Ruderbootfahren, frisch überzogene Betten und die Haarwirbel auf den Köpfen ihrer Buben.
Sie mag nicht: Tage, an denen ihr Mann Prüfungen hat, die große Stanzmaschine in der Fabrik und das Warten vor der Kasse im Supermarkt.
Sie träumt davon, einmal auszuschlafen.
Sohn: Florian Kisutzki (8) mag Katzen, Fußballspielen und Schokoladeeis.
Er mag nicht: Ausgelacht werden, auf seine roten Haare angesprochen werden, Haut auf der Milch und in den Keller gehen.
Er träumt davon, in die Jugendmannschaft eines richtigen Vereins aufgenommen zu werden.
Sohn: Max Kisutzki (4 1/2) mag herumtoben, gekrault werden und Sandburgen bauen.
Er mag nicht: Duschen, Kaiserschmarren mit Rosinen und fast alles, was mehr als vier Beine hat.
Er träumt davon, größer zu sein als Florian.

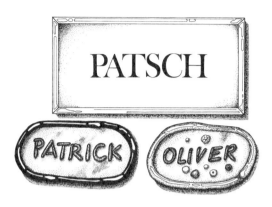

Vater: Robert Patsch (47), Gewerkschaftsfunktionär, mag Versammlungen, bei denen etwas herauskommt, daheim sein und kochen.
Er mag nicht: Versammlungen, bei denen nichts herauskommt, Vorwürfe, daß er so wenig Zeit für die Familie hat, und wegspringende Hemdknöpfe.
Er träumt davon, Zeit zum Lesen und zum Träumen zu haben.
Mutter: Anneliese Patsch (39), Verkäuferin (teilzeitbeschäftigt), mag Samstagnachmittage, blühende Wiesen und Tanzen mit ihrem Mann.
Sie mag nicht: die Hetzerei jeden Morgen, Backrohrputzen und daß ihr Mann so wenig Zeit für die Familie hat.
Sie träumt davon, zwei Monate Urlaub zu machen.
Sohn: Patrick Patsch (12) mag Angelika, schwimmen, radfahren und Pistazien.
Er mag nicht: Freiübungen, Fettränder am Fleisch und den Günter aus der Parallelklasse.
Er träumt davon, Angelika zu retten – manchmal aus einem brennenden Haus, manchmal aus einem reißenden Strom und manchmal vor einem wilden Tier.
Sohn: Oliver Patsch (10) mag Abenteuer, chemische Experimente und Skateboardfahren.
Er mag nicht: Schönschreiben, ordentliche Schuhe anziehen und einkaufen geschickt werden.
Er träumt davon, Buschdoktor zu werden.

KRUTZMANN

Mutter: Marion Krutzmann (39), Angestellte in einer Kunstgalerie, mag ihren Freundeskreis, Sonnengefunkel auf dem Wasser und Überraschungen.
Sie mag nicht: Schuhe putzen, Sonnenbrand und Leute, die sich auf Sachzwänge ausreden.
Sie träumt davon, ihr Kunstgeschichtestudium fertig zu machen und ein Buch zu schreiben.
Vater: Hanspeter Krutzmann (42), Richter, mag seinen Freundeskreis, Symphoniekonzerte und Tiroler Spinatknödel.
Er mag nicht: ungespitzte Bleistifte, Zucker im Kaffee und Leute, die sich vor Verantwortung drücken.
Er träumt davon, sich aufs Land zurückzuziehen und Bienen zu züchten.
Sohn: Cornelius Krutzmann (13) mag Regenbogen, Skirennen und die Sommersprossen auf der Nase von Katrin aus der zweiten Bank.
Er mag nicht: Angeber, beim Schlagball danebentreffen und Spinat in jeder Form, besonders in Tiroler Knödeln.

Eduard Wiesner (65), Bundesbahnpensionist, mag seinen Dackel Hadubrand, Schachspielen und Zeitung lesen.
Er mag nicht: Hunde, die Hadubrand anknurren, Kindergeschrei und den Geruch von Möbelpolitur.
Er träumt davon, einmal gegen einen Landesmeister Schach zu spielen.
Rosemarie Wiesner (61), Pensionistin, mag ihren Dackel Hadubrand, glänzend polierte Möbel und alte Filme im Fernsehen.
Sie mag nicht: Pop und Rock und Beatmusik, tropfende Wasserhähne und durchgescheuerte Hemdkragen.
Sie träumt davon, einmal zu einer Königshochzeit nach England zu fahren.

Großmutter: Inge Kolberg (56), Postbeamtin, mag Heckenrosen, Besuch und komplizierte Strickmuster.
Sie mag nicht: Nörgler, Hühneraugen und Kaugummi auf dem Teppich.
Sie träumt davon, daß ihr Sohn Stefan endlich eine Stelle bekommt.
Vater: Stefan Kolberg (34), arbeitsloser Lehrer und Taxifahrer, mag neugierige Menschen, Krautflekkerln und vergnügten Kinderlärm.
Er mag nicht: Formulare ausfüllen, abgewimmelt werden und Leute, die immer alles besser wissen.
Er träumt davon, daß seine Frau wieder nach Hause zurückkommt.
Tochter: Angelika Kolberg (12), mag Patrick, saure Kirschen und Klavier spielen.
Sie mag nicht: Tonleitern üben, auswendig lernen und gesagt bekommen, wie ähnlich sie ihrer Mutter sieht.
Sie träumt davon, irgend etwas ganz Großes zu tun. Sie weiß bloß noch nicht was.
Sohn: Felix Kolberg (8) mag Theres und Gila und Oliver, meistens wenigstens, Elefanten und Briefe bekommen.
Er mag nicht: Aufsätze schreiben, allein zu Hause sein und hören: Dafür haben wir kein Geld.
Er träumt davon, Zoodirektor zu werden oder Wildhüter in einem Nationalpark in Afrika.

Mutter: Uli Pospischil (36), Buchhalterin, derzeit in Karenzurlaub, mag den Geruch von Babys, Beeren- und Pilzesuchen und Jazzgymnastik.
Sie mag nicht: bügeln, hören, daß ihre Kinder etwas angestellt haben, und angestarrt werden.
Sie träumt von einem Balkon.
Vater: Klaus Pospischil (35), Gemeindeangestellter, mag singen beim Autofahren, Modelleisenbahnen und die Ruhe am Abend, wenn alle drei Kinder schlafen.
Er mag nicht: Unordnung auf seinem Schreibtisch, das Besetztzeichen beim Telefonieren und Zahnarztbesuche.
Er träumt von einer Wohnung, die so groß ist, daß er und Benny ein eigenes Zimmer für die Eisenbahnanlage haben können.
Tochter: Theres Pospischil (9) mag Clowns, Geburtstage und Eislaufen.
Sie mag nicht: gestört werden, aufessen müssen und Spielzeug wegräumen.
Sie träumt von einem Zwerghasen.
Sohn: Benjamin Pospischil (7) mag seine Oma, dicke Bücher und Judotraining.
Er mag nicht: morgens aufstehen, hinter seiner Schwester herdackeln und gesagt bekommen: Bist du aber groß geworden!
Er träumt davon, auf einem selbstgebauten Floß die Donau hinunter bis ans Schwarze Meer zu fahren.
Tochter: Lisa Pospischil (6 Monate) mag an der Brust der Mama nuckeln, von ihrem Papa herumgetragen werden und Planschen in der Badewanne.
Sie mag nicht allein sein, nasse Windeln haben und die Nase geputzt bekommen.
Wovon sie träumt, weiß man nicht.

Mutter: Andrea Stromeier (33), Sozialarbeiterin, mag Straßenfeste, Brotbacken und aus Wollresten Pullover für ihre Menschen stricken.
Sie mag nicht: Behördenwege, jeden Tag kochen und Leute, die sich alles gefallen lassen.
Sie träumt gemeinsam mit ihrem Mann von einem Bauernhof, den sie mit Freunden bewirtschaften.
Vater: Konrad Stromeier (32), Tischler, mag schöne Möbel restaurieren, Museumsbesuche und Fahrradtouren mit seiner Frau und seiner Tochter.
Er mag nicht: überfüllte Straßenbahnen, pappiges Brot und Fließbandmöbel machen müssen.
Er träumt vom selben Bauernhof wie seine Frau, bei ihm ist noch eine große Werkstatt dabei und viel gut getrocknetes Holz.
Tochter: Fanny Stromeier (5) mag Luftballons, alle Tierkinder und Max (fast immer).
Sie mag nicht: kratzende Strumpfhosen, Ohrenwaschen und Fleisch, das man kauen muß.
Sie träumt mit ihren Eltern vom Bauernhof, bei ihr gibt es dort Zwergziegen und Zwerghasen und Zwergponnies und keine einzige Fliege.

I. Kapitel,
in dem Fanny eine Idee hat

Die Kinder aus der Helmut-Domenego-Gasse 60 saßen auf der Teppichklopfstange, auf der Mauer rund um das Blumenbeet und auf dem Geländer vor den Mülleimern und stöhnten über den bevorstehenden Muttertag.

Felix häkelte einen herzförmigen Topflappen. An manchen Stellen sah man noch, daß das Garn ursprünglich rosarot gewesen war. Das Knäuel fiel ihm immer wieder vom Schoß und rollte in die einzige Pfütze im Hof.

Felix fluchte leise vor sich hin.

„Es ist schon komisch", sagte Anna. „Sechs Wochen vorher schimpft meine Mutter über den Zirkus, den die mit dem Muttertag veranstalten. Macht sich lustig über die Küchenmaschinen mit Herzanhängern und den ganzen Klimbim. Schimpft, daß es der reine Hohn ist, wenn die armen Mütter an einem Tag im Jahr Gassi geführt und bis oben vollgestopft werden. Behauptet, daß man spätestens nächstes Jahr Klopapier mit Herzchen für die liebe Mama verkaufen wird. Aber als wir dann letztes Jahr gemeint haben, sie will keinen Muttertag und kein Trara gemacht haben, hat sie ja doch gekränkt dreingeschaut und dann angefangen, die Wohnung zu putzen und hat fürchterlich rumgeschusselt. Sogar das Klo hat sie neu ausgemalt und dann erschöpft die Beine von sich gestreckt und gesagt, wir könnten wenigstens aufwaschen und wegräumen, wenn schon sonst überall auf der Welt Muttertag gefeiert wird."

Gila ergänzte: „Und dann hat sie noch erzählt, was sie und ihre Schwestern alles zum Muttertag auf die Beine gestellt haben. Obwohl die Großmutti doch nicht halb so nett war wie sie."

„Das hat sie aber nicht gesagt", wandte Anna ein.

„Weil wir's eh wissen", sagte Gila.

Jeder hatte eine traurige Muttertagsgeschichte zu erzählen:

Wie Olivers Mutter zu schreien anfing, als aus ihrem Muttertagspäckchen eine süße weiße Tanzmaus sprang und über den Tisch lief.

Wie Florian das angekleckerte Tischtuch waschen wollte und ein bißchen zu viel Pulver erwischte und wie der Schaum durch die halbe Wohnung quoll.

Wie Benny und Theres einen ganz normalen Streit hatten und sich in die Haare gerieten und der Vater brüllte, sie sollten sich wenigstens am Muttertag vertragen, und die Mutter weinte.

Und die Fahrten ins Grüne auf den verstopften Straßen.

Und die verkrampfte Stimmung in den überfüllten Restaurants.

Und die beleidigten Gesichter.

Felix betrachtete mißtrauisch seinen Topflappen. „Ob der überhaupt noch reinzuwaschen ist?"

„Aber sicher", behauptete Florian. „Mit Strahler achtzig."

„Blödel, das ist eine Zahnpaste."

„Das geht schon raus", tröstete Anna. „Ist ja alles nur sauberer Dreck."

„Du hast wenigstens ein Geschenk", sagte Gila. „Meine Mutter hat schon sieben Topflappen von uns, vier Ofenhandschuhe, die ihre Schwester genäht hat, und drei, die sie seinerzeit für die Oma gehäkelt hat. Deckerln mag sie nicht, und gegen Duftseife ist sie allergisch."

„Gieß ihr eine Kerze", schlug Patrick vor.

„Hab' ich zu Nikolaus gemacht und zu Weihnachten und zu Ostern."

„Dann schenk ihr einen Gutschein. Für Geschirrspülen und Mist raustragen und so."

„Hat sie noch vom letzten Geburtstag."

Sie seufzten vielstimmig.

„Man hat's nicht leicht mit den Großen", sagte Oliver.

„Mit kleinen Brüdern aber auch nicht", ergänzte Patrick. Oliver war schließlich sein Bruder und zwei Jahre jünger als er.

„Aber die Großen sind stärker", beharrte Oliver.

Dem konnte niemand etwas entgegensetzen.

Sie baumelten mit den Beinen, scharrten mißmutig im Kies.

Cornelius wiegte den Kopf hin und her. „Und dabei sind sie noch eifersüchtig auf uns. Meine Eltern behaupten, Kindsein ist heute viel schöner als früher. Meine Oma, sagt der Papa, hat ihn zu Hausarrest verdonnert, wenn er fünf Minuten zu spät kam. Und der Mama wurde das Taschengeld gestrichen, wenn sie einen Vierer heimbrachte. Und Papas Mutter hat immer geweint, wenn er schlimm war."

Fanny hob den Kopf. Sie baute gerade ein Haus aus Blättern und Zweigen für eine kleine, gelbweiß geringelte Schnecke.

„Die können doch Kinder sein, wenn sie wollen. Stundenlang."

Cornelius sah Fanny mitleidig an. „Aber gar nicht."

„Doch! Die können aufbleiben, so lang sie wollen,

und das Essen stehen lassen und Eis kaufen und überhaupt alles."

Patrick klimperte mit den Münzen in seiner Hosentasche. „Wenn sie das Geld dafür haben!"

Gila schüttelte den Kopf. „Ich glaube, sie können gar nicht wollen, was sie wollen."

„Versteh' ich nicht", sagte Fanny.

„Ich auch nicht", sagte Anna. „Aber es ist so."

Fanny setzte ihre Schnecke mitten in das Blätterhaus.

„Dann müssen sie es lernen. Ist ja ganz einfach."

Angelika wippte auf den Fersen. „Überhaupt nicht. Ich glaube, manche Erwachsene sind ganz bestimmt schon mit Anzug und Krawatte auf die Welt gekommen."

„Und mit Handtasche und Stöckelschuhen", ergänzte Patrick.

„Und überhaupt sind sie doch immer müde."

„Und putzen ständig."

„Und denken nur an ihre Arbeit."

„Und ans Sparbuch."

„Und an die neue Wohnung."

„Und an unsere Schulnoten."

„Und an den Ärger mit dem Chef."

Fanny stand auf. „Dann müssen wir es ihnen beibringen. Wir sind die Lehrer, und sie sind die Schüler."

Felix grinste, dann lachte er. „Dann müssen wir auf Stelzen gehen, damit sie merken, wie das ist, wenn man raufschauen muß."

„Oder sie müssen auf den Knien rutschen!" rief Oliver.

„Nein, auf dem Bauch!" trumpfte Max auf und machte es gleich vor. Anna winkte ab. „Das ist viel zu schwer. Wir müssen es ihnen leicht machen."

"Geduld mit ihnen haben", ergänzte Angelika. "Erwachsene brauchen sehr viel Geduld."

Oliver meinte, das sei blanker Unsinn, Erwachsene seien Erwachsene und Kinder Kinder, und da könne man überhaupt nichts machen.

"Gar nicht wahr!" rief Benny. "Meine Oma zum Beispiel ..."

"Ja, deine Oma", sagten die anderen voll Neid. "Deine Oma ist auch eine Ausnahme."

Sie redeten hin und her, und plötzlich schien es gar nicht mehr so unmöglich, daß Erwachsene lernen könnten.

"Probieren wir's doch einfach", schlug Felix vor.

"Immerhin wäre es einmal etwas ganz anderes", stimmte Cornelius zu. "Wir könnten ihnen ja einen Kindertag zum Muttertag schenken."

Je länger sie nachdachten, desto besser gefiel ihnen die Idee. Und dann redeten alle durcheinander.

"Dann müssen sie aber Streiche spielen lernen!"

"Und Nichtstun!"

"Und um sieben ins Bett gehen!"

"Und nicht fernsehen dürfen, wenn's was Grausliches gibt!"

"Und Gummihüpfen!"

"Und Schlammschlachten!"

"Und Quatsch machen!"

"Und Krach schlagen!"

"Und schlechte Noten heimbringen!"

"Und streiten!"

"Und versöhnen!"

"Und kuscheln!"

Im ersten Stock ging ein Fenster auf, und Frau Wiesner rief: "Ruhe da unten! So ein Gebrüll. Schämt ihr euch nicht?"

Fanny flüsterte: „Nein."

„Wenn es nicht gleich ruhig wird, beschwere ich mich bei der Hausverwaltung, damit ihr's nur wißt." Frau Wiesner schloß ihr Fenster mit so viel Nachdruck, daß die Scheiben klirrten.

„Die war nie ein Kind", stellte Benny fest.

„Die hat auch keines, und deshalb laden wir sie auch nicht ein", sagte Oliver.

„Doch", meinte Patrick. „Die hat's besonders nötig."

Gila sagte, die würde nur alles kaputt machen. „Schon was die für ein Gesicht macht. Da kann kein Mensch mehr Spaß haben."

„Wo die hinschaut, da wächst kein Gras mehr."

„Und keine Blume. Und kein Baum und kein Garnichts."

„Da wird die Milch sauer."

„Die ist überhaupt eine Katastrophe."

„Meine Mutter fürchtet sich auch vor ihr."

„Und mein Vater!"

„Sogar der Krampus fürchtet sich vor der", behauptete Fanny. „Und der große Hund aus der Gärtnerei, der immer so die Zähne bleckt und aus den Lefzen trenzt."

Obwohl alle Gila unterstützten, blieb Patrick bei seiner Meinung.

Plötzlich fing Anna an zu kichern. „Stellt euch die Frau Wiesner beim Matschspielen vor!"

„Oder bei Klingelstreichen", sagte Oliver.

„Und beim Gummihüpfen", ergänzte Theres.

Sie beschlossen gemeinsam, auch Frau Wiesner einzuladen.

„Alle heißt nämlich alle", sagte Max. „Und wenn einer fehlt, sind es nicht mehr alle."

Theres rannte hinauf in die Wohnung und holte

einen großen Bogen Packpapier und viele Schmierzettel.

„Ich berufe eine Sitzung ein", sagte Patrick.

Alle Kinder setzten sich im Kreis vor die Teppichklopfstange, auch Fanny und Max. Max liebte Abstimmungen, er hob jedesmal die Hand, bei den Jastimmen genauso wie bei den Neinstimmen. Früher hatte Theres immer dagegen gewettert, aber schließlich hatte sie sich überzeugen lassen, daß das nichts am Ergebnis änderte.

Anna eröffnete die Sitzung. Sie war die Älteste, um sieben Wochen älter als Cornelius.

Nach kurzer Zeit lagen folgende Anträge vor:

1. Sollen wir einen Kindertag für die Großen machen?
2. Was gibt es zu essen?
3. Wir brauchen einen richtigen Stundenplan.
4. Wie laden wir die Erwachsenen ein?
5. Wer schmückt den Hof?
6. Was ist, wenn es regnet?

Der erste Antrag wurde einstimmig angenommen. Als Anna nach Gegenstimmen fragte, meldete sich nur Max.

Die Frage nach dem Essen war schon schwieriger. Alle waren sich einig, daß die Erwachsenen nur lernen konnten, Kinder zu sein, wenn sie Dinge zu essen bekamen, die Kinder mögen. Aber jeder hatte eine andere Lieblingsspeise. Gila erklärte, die Kinder müßten natürlich für die Mütter und Väter **kochen** an diesem Tag, und schnell gehen müßte es auch. Das machte die Auswahl leichter. Würstel, Chips, Gummibärchen, Gummischlümpfe, Semmeln, Radieschen, Mayonnaise, Senf und Lakritzschnecken kamen auf die Liste. Benny, Anna und

Patrick versprachen, jeder eine Torte zu backen.
"Und wer, bitte, zahlt das alles?" fragte Anna.
Felix sagte sofort: "Die Festkasse."
"Prima. Und wie kommt das Geld in die Festkasse?"
Gila meinte: "Wir können die Väter um Spenden bitten. Die hätten ja auch die Restaurantrechnung am Muttertag bezahlt."
Oliver murrte, da sei Gila fein heraus, weil sie doch keinen Vater habe, aber da niemandem etwas Besseres einfiel, wurde der Vorschlag angenommen.
Patrick kicherte in sich hinein. "Wir sollten nicht unsere eigenen Väter fragen, sondern jeder den Vater von einem anderen Kind. Ich bin sicher, da geben sie mehr."
Bis auf Anna und Gila fanden alle die Idee großartig. Theres machte eine ordentliche Spendenliste mit Platz für Unterschrift und Betrag.
Bei Punkt 3 gerieten sie sich fast in die Haare. Die Ideen für den Lehrplan prasselten nur so: Stuhlschaukeln, Schimpfwörter sagen, Frösche, Würmer, Spinnen anfassen, Zunge zeigen, Nasenbohren, in den Ohren popeln, Daumenlutschen, Eiszapfen schlecken ...
"Stopp!" rief Patrick. "Wo nehmt ihr im Mai Eiszapfen her?"
Er bekam keine Antwort, und die Vorschläge prasselten weiter:
Grießbrei essen, sich im Dreck wälzen, Pfützenspringen, Lehmkugeln drehen, Sachen vergessen, Pusterohr blasen, mit Colabüchsen-Ringen Zielschießen, schmatzen, rülpsen, toben, Dreirad fahren, sich gegenseitig die Haare schneiden, Treppengeländer rutschen, Doktor spielen, Grimassen schneiden, Zielspucken ...

„Und wenn sie nicht wollen?" fragte Max.
„Und wenn sie nicht können?" fragte Fanny.
„Dann werden sie bestraft",sagte Oliver.
„Kriegen sie eins rüber?" erkundigten sich Max und Fanny, und ihre Augen glänzten dabei. „Mit der Rute?"
„Nachtisch streichen", schlug Benny vor.
„Hausarrest", meinte Gila.
„Fernsehverbot", kam von Oliver.
Cornelius betrachtete sie mitleidig. „Das hatten sie doch damals alles schon, und daß es nichts bringt, sieht man ja an ihnen!"
Max und Fanny waren nicht zu bremsen. Sie erfanden neue Strafen, eine grauslicher als die andere: ans Bett angebunden werden, im Dunkeln eingesperrt sein, hungern müssen, Würmer essen ...
„Hört auf!" rief Anna. „Als ob irgendwer von Strafen etwas lernen würde."
Cornelius wurde ungeduldig. „Das Ganze hat doch nur dann Sinn, wenn sie wirklich etwas kapieren, und dazu sind, glaub' ich, Schlammschlachten nicht genug."
Anna sah ihn fragend an. „Meinst du, daß du überhaupt nichts von der Idee hältst?"
„Nein, gar nicht. Wenn es Spaß macht, dann hat es auch einen Sinn."
„Das ist mir alles zu hoch", sagte Oliver. „Ich finde, die Erwachsenen müssen selbst spüren, wie es ist, wenn man immer herumkommandiert wird und nie tun darf, was man will. Wenn sie zum Beispiel einen Ausflug machen wollen oder Verwandte besuchen oder sonst was, dann müssen wir mitlatschen, ob es uns paßt oder nicht. Aber wenn *wir* etwas wollen, dann gibt es tausend Gründe, warum das nicht geht."

Jeder hatte seine eigenen Klagen über seine eigenen Eltern, und alle fanden die Klagen der anderen nicht halb so schlimm. Es wäre fast zum Streit gekommen, da meldete sich Felix, und weil ihm niemand zuhörte, pfiff er schnell auf zwei Fingern, bis alle still waren.

„Ich finde, wir sollten sagen, was jeder von uns unterrichten will. Ich möchte der Lehrer im Bubblegum-Bubble-Blasen sein. Das kann ich nämlich echt gut."

Benny wollte Weit- und Zielspucken unterrichten, aber Oliver meinte, das könne er besser. Sie waren mitten in einem Wettkampf, als Frau Patsch ihre Kinder zum Abendessen rief.

„Gleich!" rief Patrick zurück. „In fünf Minuten!"

Anna schlug vor, jeder solle vor dem Einschlafen in Ruhe nachdenken, morgen könnten sie dann wenn nötig durch das Los entscheiden. Der Antrag wurde angenommen, wieder mit einer Gegenstimme von Max. Die Einladung an die Eltern sollte schriftlich erfolgen, und Cornelius sollte den Text entwerfen. Diesmal gab es zwei Gegenstimmen, eine von Cornelius und eine von Max. Den Hof sollten alle gemeinsam schmücken, jeder sollte daheim nachsehen, was an Lampions und Ketten vorhanden war. Anna versprach, Kreppapierrosen zu drehen.

Als schon aus allen Wohnungen Mütter ungeduldig riefen, beschlossen sie einfach zu Punkt 6, daß es am Muttertag keinesfalls regnen würde.

„Patrick! Oliver!" rief Frau Patsch. „Von wegen fünf Minuten."

„Deine fünf Minuten dauern auch manchmal länger", murmelte Patrick, aber dann rannten alle die Treppe hinauf.

II. Kapitel,
in dem die Kinder aus der Helmut-Domenego-Gasse 60 sehr viel zu tun haben

Gleich nach der Schule malte Anna an die linke untere Ecke der Stufen vor dem Haus einen Kreis und mitten hinein die Zahl 3. So wußten alle Kinder beim Heimkommen, daß es um drei Uhr eine Vollversammlung im Hof geben würde.

Cornelius schwitzte über der Einladung. Wieviel sollte darin verraten werden? Was sollte eine Überraschung bleiben? Plötzlich fiel ihm ein, daß irgendwo eine Einladung an seine Eltern liegen mußte. Die nahm er zum Muster und schrieb:

Die Kinder aus der Helmut-Domenego-Gasse 60
bitten aus Anlaß des Muttertages
alle Mütter, Väter und anderen Hausbewohner
zu einem Fest im Hof.
U. A. w. g.

„Was heißt das?" fragte Theres bei der Vollversammlung.

„Normalerweise heißt u. a. unter anderem", erklärte Patrick.

„Unter anderem wird gegessen", schlug Felix vor.

„Typisch", sagte Anna.

Felix ärgerte sich. „Von den letzten Salzbrezeln hast du mehr genommen als alle anderen", fuhr er sie an. „Aber immer sagst du, ich wäre so verfressen."

„Schau dich doch an."

„Schau dich selber an!"

Benny holte inzwischen den Setzkasten, Patrick

die weißen Karten, die seine Mutter eigentlich für ihre Rezeptsammlung gekauft hatte. Sie druckten den Text, Theres und Gila malten rote Herzchen auf jede Karte.

Die Einladungen sahen sehr hübsch aus.

„Habt ihr eure Vorschläge mitgebracht?" erkundigte sich Theres. Alle zogen Zettel aus den Taschen. Anna las vor:

„Benny: Ausredenerfinden

Theres: Pfützenspritzen, Blätterhaufendurchrascheln

Gila: Klingeltour und andere Streiche

Angelika: Streiten und Versöhnen

Felix: Bubblegum-Bubble-Blasen

Anna: In die Sonne schauen

Patrick: Streiten und Versöhnen, Grimassenschneiden

Oliver: Spinnen und Regenwürmer anfassen

Florian: Rülpsen, schmatzen, schlürfen

Cornelius: Nichtstun."

„Und ich?" fragten Fanny und Max gleichzeitig. „Unsere Zettel hast du nicht vorgelesen."

Die beiden gingen noch in den Kindergarten. Auf ihren Zetteln standen ihre Namen und ein paar Zeilen Krixikraxi. Anna runzelte die Stirn, drehte die Zettel hin und her. „Moment, das ist sehr schwer zu lesen."

„Du mußt dir nur Mühe geben", sagte Fanny.

Anna führte die Zettel nahe an die Augen, hielt sie auf Armeslänge von sich, dann las sie langsam:

„Fanny: Löcher in den Bauch fragen. Max: Matschspielen."

„Na siehst du", sagte Fanny und strahlte.

Max nickte zufrieden. „Und Lisa?" fragte er.

„Lisa ist noch zu klein", sagte Anna.

„Daumenlutschen kann sie aber prima", erklärte Max.

Angelika machte sich Sorgen, weil sie und Patrick beide Streiten und Versöhnen vorgeschlagen hatten, aber die anderen meinten, dazu brauche man sowieso zwei und die Erwachsenen könnten das überhaupt nicht und außerdem wisse man nie, was sich alles während des Tages ergeben würde.

Felix packte Gila an beiden Händen und tanzte mit ihr im Hof herum. „Das wird überhaupt *der* Supertag!" rief er.

Noch am selben Abend verteilten die Kinder die Einladungen.

„Aber das geht doch nicht", sagte Herr Pospischil, der Vater von Theres, Benny und Lisa. „Zum Muttertag fahren wir immer mit Opa und Oma irgendwohin. Die freuen sich schon darauf."

Anna erklärte, daß die Großeltern mit eingeladen seien.

Frau Pospischil horchte auf. Sie hatte kein gutes Gefühl bei dem Gedanken, mit der sechs Monate alten Lisa stundenlang im Auto zu fahren. Sie erinnerte sich an einen Muttertag, an dem Theres furchtbar übel geworden war, und sie nicht nur sich selbst, sondern auch die Mutter und die Großmutter von oben bis unten angespuckt hatte. Damals waren sie heimgefahren, und die Oma hatte in Frau Pospischils Bademantel Reste vom Vortag als Festessen vorgesetzt bekommen, während sich ihre Bluse in der Waschmaschine drehte. „Ich denke, das könnte sehr nett werden", sagte Frau Pospischil. „Mal etwas anderes."

„Was habt ihr eigentlich vor?" erkundigte sich Herr Pospischil.

Anna sagte: „Das ist eine Überraschung."
Herr Pospischil mochte keine Überraschungen. Die brachten nur Unordnung, fand er. Und Unordnung gab es sowieso mehr als genug auf der Welt.
„Es kommen alle", behauptete Anna. „Das ganze Haus." Sie hoffte inständig, daß das stimmte.
„Familie Krutzmann auch?" fragte Herr Pospischil.
Anna kreuzte zwei Finger hinter ihrem Rücken. „Sicher."
Herr Pospischil hatte großen Respekt vor Herrn Krutzmann, der Richter am Oberlandesgericht war. „Ja, dann können wir uns wohl auch nicht ausschließen", sagte er.
Frau Pospischil freute sich.
Später stellte sich heraus, daß jedes Kind behauptet hatte, die anderen kämen alle, und nur dadurch die verschiedenen Eltern überredet worden waren. Denn zuerst gab es bei den meisten Bedenken.
Herr Stromeier hatte seiner Frau versprochen, am Muttertag endlich das Wohnzimmer zu tapezieren.
Frau Manolfo mochte Feste nicht besonders, behauptete sie, in Wirklichkeit war sie nur schüchtern und verbrauchte ihren ganzen Mut jeden Tag in der Arbeit als U-Bahnführerin.
Die Familien Patsch und Kisutzki brachten Großmütter und Großväter ins Treffen, und Familie Krutzmann hatte Konzertkarten für den Vormittag.
Nur Oma Kolberg war sofort begeistert, besonders als sie hörte, daß die Kinder alles allein vorbereiten wollten.
„Laßt euch nur nicht dreinpfuschen", sagte sie. „Übrigens, falls ihr etwas backen wollt, könnt ihr das in meiner Küche tun. Rezepte hab' ich auch, bei denen eigentlich nichts schiefgehen kann. Ihr müßt nur hinterher saubermachen."

Am schwersten hatten es Angelika und Patrick, als sie gemeinsam die Wiesners einladen gingen.

„Ein Fest", brummte Herr Wiesner, „das hat uns ja gerade noch gefehlt. Gibt garantiert einen Riesenkrach."

„Und überhaupt zum Muttertag", ereiferte sich Frau Wiesner. „Erstens bin ich Gott sei Dank keine Mutter, und zweitens solltet ihr gerade an diesem Tag wahrhaftig etwas Besseres zu tun haben."

„Wird am Ende auch musiziert?" fragte Herr Wiesner. „Ich bin nämlich leider musikalisch."

„Alle freuen sich auf das Fest", behauptete Angelika, „und alle wären traurig, wenn Sie ..." Ihre Stimme tröpfelte weg.

„... nicht kommen", ergänzte Patrick und versuchte zum dritten Mal, Frau Wiesner die Karte mit einer höflichen Verbeugung zu überreichen. Bisher hatte sie nur über Patricks Schulter gelesen. Sie nahm die Karte und hielt sie zwischen Daumen und Zeigefinger.

„Wir werden ja sehen. Aber ich verspreche nichts."

Herr Wiesner sah die Spendenliste in Angelikas Hand. „Was hast du denn da? Noch eine Einladung?"

„N...nein."

„Was denn?" fragte Frau Wiesner streng.

Patrick sah Angelika an.

Angelika sah Patrick an.

„Heraus mit der Sprache!" Frau Wiesner pflanzte sich vor den Kindern auf.

Der Dackel Hadubrand knurrte.

„Also", stotterte Angelika, „weil doch so ein Fest Geld kostet ..."

„Aha!" sagte Frau Wiesner. „Dacht' ich's doch. Eine Sammlung."

Angelika kam sich vor, als wäre sie bei einer schrecklichen Untat ertappt worden.

Herr Wiesner murmelte Unverständliches.

Frau Wiesner erkundigte sich, was die anderen gegeben hätten.

„Achtzig Schilling", sagte Patrick schnell.

Angelika machte den Mund auf und wieder zu.

Herr Wiesner zog seine Geldbörse aus der Hosentasche, öffnete sie, blickte lange hinein und reichte Angelika einen Hundertschillingschein.

„Man will sich ja nicht lumpen lassen", sagte er.

Patrick und Angelika bedankten sich. Hadubrand sprang plötzlich an Angelika hoch und wedelte mit dem Schwanz. Frau Wiesner lächelte fast, dann sagte sie streng: „Aber rechnet nicht mit uns. Das will noch gründlich überlegt sein."

Patrick und Angelika nickten, grüßten höflich und gingen zur Tür. Draußen hörten sie Herrn Wiesner sagen: „Diese Kinder sind eigentlich ganz anders, als ich dachte."

Frau Wiesner sagte mit ihrer lauten Stimme: „Also ich weiß nicht, aber als ich ein Kind war, auf so eine Idee wäre ich nie gekommen. Wirklich nicht."

Dann hörten sie Herrn Wiesner antworten: „Ich auch nicht." Und dann: „Eigentlich schade, findest du nicht, meine Liebe?"

Patrick stieß Angelika an und flüsterte: „Die anderen werden nie glauben, daß sie einen Hunderter gegeben haben. Weißt du was, ich hoffe eigentlich, daß sie kommen, die Wiesners."

Angelika war nicht seiner Meinung. „Die stören nur. Aber immerhin können sie nicht keppeln über den Lärm, wir haben sie ja eingeladen."

„Jetzt müssen aber alle mindestens so viel geben!" rief Benny.

Anna holte eine leere Teedose aus der Speisekammer, steckte den Wiesner-Hunderter hinein und sagte: „Wegen der Beispielwirkung." Dann zog sie mit Cornelius los.

Herr Kisutzki fragte: „Wieviel habt ihr euch vorgestellt?"

„Was sie geben wollen", sagte Anna und öffnete die Dose. Zur Sicherheit ergänzte Cornelius: „Wiesners haben hundert Schilling gespendet."

„Einhundert österreichische Schilling?" fragte Herr Kisutzki.

Cornelius und Anna nickten. Seufzend griff Herr Kisutzki in die Tasche.

Als sich die Kinder wieder im Hof trafen, zählte jeder nach, weil keiner es für möglich hielt, daß wirklich so viel Geld in der Festkasse war.

Max meinte, sie müßten jetzt gleich Eis essen gehen. Weil sie doch so reich seien.

Theres sagte streng: „Das Geld ist nur für den Kindertag. Für unser Fest."

Fanny maulte, jetzt sei auch ein Fest, das Festkassenfest, aber die anderen blieben hart, obwohl man ihnen ansah, daß es ihnen nicht leicht fiel.

„Na, dann weiter mit der Planung", sagte Anna.

Felix schlug vor, allen Festteilnehmern kleine Schultüten zu basteln aus bunten Folien.

Angelika und Patrick erklärten sich bereit, die Tüten zu drehen und mit der Heftmaschine zusammenzuklammern, während die anderen einkaufen gingen.

„Natürlich, unser Liebespaar", sagte Oliver. „Endlich allein."

Patrick verdrehte die Augen und bemerkte: „Kleine Brüder sind eine Landplage." Alle älteren Geschwister nickten, alle jüngeren grinsten.

Dann rannten sie zum Laden an der Ecke, und Angelika und Patrick drehten Tüten.

„Die sind schon schön blöd", murmelte Patrick nach einer Weile.

„Mehr blöd als schön", sagte Angelika. Die Haare fielen ihr ins Gesicht. Patrick hätte sie gern zur Seite gestreift. Aber die Kinder kamen mit einer großen Schachtel zurück, noch bevor er genügend Mut gefaßt hatte.

In jede Tüte kamen ein Luftballon, eine Lakritzschlange, drei blaue Gummischlümpfe, neun Gummibärchen, fünf Schokoladenbonbons, ein Päckchen Bubblegum, ein Blumenlolli, vier kleine Murmeln und eine Riesenmurmel. Anna schrieb in ihrer schönen runden Schrift für jede Tüte ein Schild:

Mein erster Kindertag

Dann stellten sie die Tüten in die leere Schachtel. Die Schachtel wurde verschnürt und fest verknotet, damit keiner auch nur eine einzige Gummibärenpfote abbeißen konnte.

Die ganze Woche über waren die Kinder sehr beschäftigt. Sie planten die Unterrichtsstunden, veränderten sie wieder, hatten immer neue Ideen.

Sie machten Einkaufslisten, strichen aus, fügten hinzu. Sie beklebten den Karton, in dem die neue Waschmaschine der Familie Kisutzki geliefert worden war, mit Herzen und Blumen und der Aufschrift:

Willkommen beim Kindertag für Erwachsene

Sie buken einen Schokoladekuchen, einen Nußkuchen und einen Mohnkuchen in Oma Kolbergs Küche und jubelten, als alle drei Kuchen appetitlich duftend zum Auskühlen auf dem Tisch standen. Sie verzierten die Kuchen mit Liebesperlen und bunten Schokoladelinsen.

Am Samstag vor dem Muttertag waren noch die Würstchen einzukaufen. Der Laden war voll, also gingen nur Gila und Angelika hinein, und die anderen warteten draußen.

„Wer von euch hat denn Geburtstag?" fragte der Fleischhauer, als Gila vierzig Paar Würstchen verlangte.

„Keiner." Gila versuchte, ihm zu erklären, was sie vorhatten, und das war gar nicht einfach, weil so viele Leute hinter ihr drängten und sie sich kurz fassen mußte.

„Kann ich mir überhaupt nicht vorstellen", sagte er, während er Würstchen auf die Waage häufte. „Aber ich wär' gern dabei."

„Dann kommen Sie doch einfach", lud Angelika ihn ein.

Das ginge nicht, bedauerte er. Er müsse seine Mutter besuchen fahren, aber wenn sie noch einmal so etwas machten, würde er sehr gern mittun. „Vielleicht kann ich doch noch spielen lernen, das wär' was!" Zwei Paar Würstchen schenkte er den Kindern.

„Ich glaub's einfach nicht", sagte Gila draußen zu den anderen. „Ich war selbst dabei, aber ich glaub's nicht. Der war doch sonst immer so grantig."

Im Hof gingen sie noch einmal alle Listen durch, überprüften die Knoten an dem Karton mit den Schultüten, zählten die Trinkhalme und die Pappbecher, die Pappteller und die Papierservietten.

Dann konnten sie nur noch warten und immer wieder zum Himmel hinaufschauen, ob eine Wolke aufzog.

An diesem Abend brauchten alle lange, bis sie einschliefen.

III. Kapitel,
in dem das Fest beginnt

Um neun Uhr trafen sich die Kinder im Hof. Sie hängten Papierschlangen und Lampions an die Lampen und die Teppichklopfstange, sie pflanzten Kreppapierrosen zwischen den staubigen Efeu und umrankten die Mülleimer mit Girlanden. Sie stellten den Waschmaschinenkarton auf die Mülleimer. Alle waren sehr aufgeregt, immer wieder rannte einer dem anderen in den Weg.
„Wo ist die Schere?"
„Wo sind die Ballons?"
„Wer hat die Schultüten weggeräumt?"
„Das Brot! Wir haben das Brot vergessen!"
„Nein, das liegt oben bei uns in der Küche, das schneiden wir erst später auf."
Der Himmel war wolkenverhangen, der Wind knatterte in den Papierrosen und ließ die Girlanden schaukeln.
„Wenn es nur nicht regnet!"
„Hör auf, sonst fängt's gleich an!"
„Ich sag' ja nur!"
„Der Flaschenöffner ist futsch!"
Um punkt zehn Uhr war alles fertig. Die Kinder standen im Halbkreis und warteten.
„Ich muß aufs Klo", meldete Felix.
„Aber doch nicht jetzt! Sie kommen gleich."
„Aber doch jetzt." Felix raste hinauf in die Wohnung. Als er zurückkam, war noch immer kein Erwachsener da.
Theres schlug vor, sie einfach zu holen. Sie drückte auf alle Klingelknöpfe der Gegensprechanlage, und die Kinder riefen: „Das Fest beginnt!"

Max drückte auf seine Kettcar-Hupe, Felix, Gila und Theres ließen ihre Fahrradklingeln schrillen.
„Das Fest fängt an! Nicht zu spät kommen! Wir warten, bis alle da sind!"

Zögernd schoben sich die Erwachsenen in den Hof, grüßten, sahen einander an.

„Du, die sind ganz schüchtern", flüsterte Gila Patrick zu.

Auch die Kinder sahen einander an.

Alle warteten, jeder auf jeden anderen.

Da drückte Max wieder auf seine Hupe, die Kinder stellten sich vor die Teppichklopfstange und fingen an zu singen:

> „Klein soll'n sie werden,
> klein soll'n sie werden,
> dreimal klein.
>
> Schlimm soll'n sie werden,
> schlimm soll'n sie werden,
> dreimal schlimm.
>
> Frech soll'n sie werden,
> frech soll'n sie werden,
> dreimal frech!"

Frau Wiesner machte ein Gesicht, als hätte sie heftige Schmerzen, aber bei der letzten Strophe summten einige Erwachsene mit. Hadubrand bellte und sprang zwischen den Gästen hin und her und ließ seinen Schwanz gegen alle Beine sausen.

Claudius klatschte in die Hände.

„Wir begrüßen euch alle zum Kindertag am Muttertag und wünschen euch viel Spaß dabei." Herr Patsch stellte seine Eltern vor, und dann wurden Oma und Opa Pospischil und Oma und Opa Kisutzki vorgestellt.

Benny verteilte die Schultüten. Die Erwachsenen hielten sie und drehten sie hin und her.

„Wieso Schultüten?" fragte Herr Patsch. „Ich dachte, das wird ein Fest!"

„Ja schon", riefen die Kinder. „Beides."

„Weil ihr uns nämlich leid tut, daß ihr immer so erwachsen sein müßt", erklärte Florian.

„Und weil ihr immer sagt, ihr wärt lieber heute Kinder", meldete sich Oliver. „Weil Kinder es heute so viel besser haben."

„Und weil ihr soviel verlernt habt", sagte Theres.

„Aha!" Herr Kolberg nickte. „Ich verstehe. Wir bekommen Förderunterricht."

„Genau!" riefen die Kinder.

Anna stieß Felix an. „Jetzt bist du dran."

Felix wurde knallrot. „Kann nicht zuerst jemand anderer? Ich ..."

„Abgemacht ist abgemacht", sagte Anna.

Felix kletterte auf die Teppichklopfstange. Man sah, wie seine Knie zitterten, und seine Stimme zitterte auch.

„Liebe Erwachsene, die erste Schulstunde beginnt. In euren Tüten findet ihr ein Päckchen Kaugummi. Bitte wickelt einen aus und steckt ihn in den Mund. So – ." Er machte es vor.

„Was soll der Blödsinn", murmelte jemand.

„Ich kann überhaupt nicht Kaugummi kauen", sagte Herr Krutzmann.

„Wir sind da, um zu lernen", sagte seine Frau Marion.

Frau Wiesner betrachtete den Kaugummi, als erwarte sie, daß er sie beißen würde. „Das soll ich in den Mund stecken?"

Ein mehrstimmiges „Ja" war die Antwort. Frau Wiesner seufzte, blickte sich hilfesuchend nach ihrem Mann um. Der nickte nur. Er kaute schon eifrig.

Felix klatschte in die Hände. „Gründlich durchkauen, bitte." Es sah komisch aus, wie alle im Kreis standen und vor sich hin mümmelten, die meisten mit sehr ernsten Gesichtern. Endlich steckte auch Herr Krutzmann seinen Kaugummi in den Mund und nach ihm als letzte Frau Wiesner.

Man hörte die Spatzen tschilpen.

Frau Stromeier pustete die Wangen auf, spitzte die Lippen, blies vorsichtig. Eine kirschgroße Blase erschien vor ihrem Mund, wurde größer und größer, so groß wie ein Tennisball, fast so groß wie ein Fußball. Alle schauten ihr zu.

Plopp. Die Blase platzte.

Die Kinder klatschten, ein paar Erwachsene klatschten mit.

„Bravo!" sagte Felix. „Das wollen wir jetzt alle versuchen." Er zeigte vor, wie man den Kaugummi am Gaumen plattdrücken, mit der Zunge vor die Zähne schieben und vorsichtig blasen muß.

Herr Kisutzki, Frau Manolfo und Frau Krutzmann schafften recht ansehnliche Blasen. Felix hatte sie im Verdacht, daß die drei das heute keineswegs zum ersten Mal versuchten.

Die beste aber war mit weitem Abstand Oma Kolberg. Ihr ganzes Gesicht verschwand hinter einer kopfgroßen Blase.

„Eigentlich wollte ich das schon immer einmal probieren", sagte sie, nachdem ihre schöne Blase geplatzt war. „Ich hab' mich nur nicht getraut." Sie holte ihren zerplatzten Kaugummi mit einem eleganten Zungenschwung in den Mund zurück, kaute, blies wieder.

„Ein Naturtalent", murmelte Anna.

Frau Wiesner verzog mißbilligend den Mund, ihre Nasenlöcher weiteten sich.

Herr Wiesner hatte mit unverhohlener Bewunderung zugesehen, und als Oma Kolberg wieder zu blasen anfing, machte er ihr alles genau nach, setzte sogar wie sie den linken Fuß vor und beschrieb wie sie kleine Kreise mit den Armen. Er spitzte die Lippen und fing an zu blasen.

Da schnalzte der Kaugummi quer durch den Hof und blieb an der Hauswand kleben.

Herr Wiesner senkte den Blick, und Frau Wiesner sagte leise: „Aber Eduard!"

Felix holte einen neuen Kaugummi aus seiner Hosentasche. Herr Wiesner fing eifrig an zu kauen. Aber so sehr er sich bemühte, es gelang ihm einfach nicht, auch nur die allerkleinste Blase zu blasen.

Er wurde rot im Gesicht. Er wurde blau im Gesicht. Er pustete und pustete.

Frau Wiesners Nasenlöcher wurden immer weiter, ihr Mund wurde immer schmäler. Sie murmelte vor sich hin.

Herr Krutzmann schimpfte über den Kaugummi, der sich an seinen Zähnen verklebte, besonders an den Plomben. Er war drauf und dran aufzugeben, da schaffte er seine erste Blase. Sie wuchs blitzschnell, wurde sogar größer als die von Felix. Herr Krutzmann ruderte mit den Armen, seine Brust schwoll vor Stolz.

Alle bewunderten ihn, Max trommelte wild auf einen Kochtopf. Herr Krutzmann verbeugte sich, da platzte die Blase. Kaugummifetzen hingen in seinen Haaren. Er bemühte sich, so zu tun, als sei ihm das egal. Anna bot sich an, ihm zu helfen, aber er lehnte ab und kletzelte an seinen Haaren herum. Der Kaugummi klebte fest. Da trug der Wind ein paar Blütenblätter von einem Baum aus der Nachbarschaft heran, eines blieb in Herrn Krutzmanns Haaren hängen.

„Steht dir wunderbar, Hanspeter", sagte seine Frau.

Cornelius sah seinen Vater an und fing an zu lachen.

„So eine Blüte im Haar wäre auch hübsch zum Talar", meinte Frau Krutzmann.

Ihr Mann erklärte, das müsse er sich auch ansehen. Er ging hinauf in die Wohnung. Als er zehn Minuten später zurückkam, waren seine Haare rechts sehr viel kürzer als links.

Felix bot ihm sofort einen neuen Kaugummi an.

„Muß ich wirklich?" fragte Herr Krutzmann. Aber plötzlich packte ihn der Ehrgeiz. Er nahm nicht nur einen Kaugummi, sondern gleich drei. Er kaute wild und hielt dabei Herrn Wiesner einen Vortrag über die richtige Kautechnik.

Frau Wiesner machte ein unglückliches Gesicht, ihr Hals wackelte auf eine seltsame Art.

„Fehlt ihnen etwas?" fragte Frau Stromeier besorgt.

Frau Wiesner wurde sehr verlegen. „Ich ... ich habe meinen Kaugummi geschluckt ..."

Felix sagte, es sei leider keiner mehr da, aber sie könne seinen haben, der sei schon richtig gut durchgekaut.

Sie hob abwehrend die Hände, ihr Mund ging auf und zu, aber sie brachte kein Wort heraus vor Entsetzen. Gerade in diesem Augenblick gelang Herrn Wiesner seine erste Blase. Er lief von einem zum anderen und zeigte auf sie, und alle freuten sich mit ihm. Er schaffte es sogar, die Blase unversehrt von seinem Mund zu nehmen. Mit einer kleinen Verbeugung wollte er sie seiner Frau überreichen. Sie aber pfauchte und schlug mit der Hand in die Blase.

„Du Schmutzian!" rief sie. „Du Ferkel! In deinem Alter!" Kaugummifäden hingen an ihren Fingern. Sie versuchte, sie wegzuschleudern, da klebten einige auch in ihrem Gesicht. Sie tobte.

„Aber beruhige dich doch, Rosemarie", sagte Herr Wiesner. „Denk an deinen Blutdruck."

„Das würde dir so passen!" rief sie. Je mehr sie mit den Armen schlenkerte, zog und zerrte, umso mehr verteilte sie den Kaugummi. Ein Faden hing ihr quer über den Mund. Sie spuckte. „Ich gehe! Ich war von Anfang an dagegen, diesen Blödsinn mitzumachen. Aber du hast dich ja noch gefreut, daß die Fratzen uns eingeladen haben. Jetzt siehst du, wozu sie uns eingeladen haben: damit wir uns lächerlich machen. Wenn es dem Esel zu wohl wird, geht er aufs Eis tanzen."

Die Kinder standen betreten herum. Sie hatten Angst, daß jetzt alle gehen würden.

Fannys Unterlippe stülpte sich nach außen. Gleich würde sie losweinen.

Da ging Herr Krutzmann auf Frau Wiesner zu. „Liebe gnädige Frau, ich kann ihre Erregung verstehen. Als ich vorhin ähnlich wie Sie verklebt war, war ich drauf und dran wegzubleiben. Aber wir Älteren müssen doch der heutigen Jugend vorleben, daß wir nicht so schnell aufgeben. Sie sind da gewiß einer Meinung mit mir, das darf ich wohl annehmen?"

Frau Wiesner war verwirrt. Es tat ihr ungeheuer wohl, daß eine so wichtige Persönlichkeit wie Herr Krutzmann „wir" sagen und sie beide meinen konnte.

„Aber ich bitte Sie, Herr Rat, Sie sind doch mindestens zwanzig Jahre jünger als ich", flötete sie. "Sie könnten mein Sohn sein."

Er machte eine abwehrende Handbewegung, lächelte, nahm ihren Arm und zog sie aus dem Kreis. Sie standen in der Ecke, und er redete auf sie ein, bis sie den Kopf schief legte, ihre Haare zurechtstrich und nickte.

Cornelius beobachtete seinen Vater voll Verwunderung.

Die anderen warteten.

Felix ließ Bubblegum-Bubble um Bubblegum-Bubble platzen, einige von den Erwachsenen und die meisten Kinder machten es ebenso. Es war, als zerplatzten die Minuten, jede mit einem kleinen Knall, bis Herr Krutzmann und Frau Wiesner in den Kreis zurückkamen. Er zwinkerte seinem Sohn zu, und der nickte Angelika und Patrick zu. Max hupte.

"Zweite Schulstunde", begann Angelika. "Wir lernen jetzt Streiten und Versöhnen."

Die Erwachsenen schüttelten die Köpfe. "Was soll denn das?"

Patrick lehnte sich an die Teppichklopfstange. "Wir zeigen euch erst einmal, wie ihr das macht."

"Da bin ich aber neugierig", sagte Frau Patsch.

Patrick setzte einen nicht vorhanden Hut auf und sperrte eine nicht vorhandene Tür auf. Angelika rührte in einem nicht vorhandenen Kochtopf.

"Grüß dich, mein Schatz!" Patrick hängte seinen nicht vorhandenen Hut an die Teppichklopfstange.

"Wie war's im Büro?" fragte Angelika.

"Wie immer. Viel Arbeit." Patrick setzte sich in einen nicht vorhandenen Sessel.

"Hast du die Möbelfirma angerufen? Jetzt klemmen schon zwei Türen vom Küchenverbau."

„Ich? Ich weiß nicht, wo mir der Kopf steht, und du verlangst, daß ich für dich anrufe."

„Wieso für mich? Du hast gesagt, wenn ich anrufe, klappt das nie mit der Reklamation."

„Du mußt es eben lernen."

„Was soll ich noch alles machen? Der Haushalt gehört mir, in die Schule muß ich, wenn die Kinder was ausgefressen haben, zum Finanzamt muß ich, auf die Post muß ich, und wenn eine Reklamation nicht durchgeht, sagst du, ich bin nicht energisch genug. Außerdem hast du versprochen, daß du dich darum kümmerst. Vor vier Wochen. Wenn du es nicht bald machst, ist es sowieso zu spät."

Patrick zog eine nicht vorhandene Zeitung aus der Tasche und begann zu lesen. Angelika rührte wild in ihrem Kochtopf.

„Mist!" rief sie. „Jetzt ist alles rausgespritzt, meine Hand ist verbrannt, und wir haben nichts zu essen."

Patrick blätterte um.

Angelika begann zu schluchzen.

„Aber so sind wir doch wirklich nicht", sagte Patricks Vater.

„Nein?" fragte seine Frau.

Herr Kisutzki wiegte den Kopf hin und her. „Ich bin nur gespannt, wie das weitergeht."

Patrick verlor das Gleichgewicht und fiel um. Er rieb sich die Hüfte.

„Gehört das dazu?" fragte Herr Patsch.

Angelika streckte Patrick die Hand hin und half ihm auf die Beine. Er warf seinem Vater einen bösen Blick zu. Dann sagte er: „Gar nicht geht's weiter. Jetzt sind sie nämlich bös und schweigen so lange, daß ihr es gar nicht aushalten würdet beim Zuschauen."

„Und dann stellt sie das Essen auf den Tisch",

ergänzte Angelika, „und er schüttet eine halbe Flasche Maggi in die Suppe, und sie dreht den Kopf weg, und wenn dann ein Kind etwas sagt, wird es von beiden ausgeschimpft."

Frau Wiesner wandte sich an Herrn Krutzmann und flüsterte, aber so laut, daß es mit Sicherheit alle hören konnten: „Also das ist doch eine ausgemachte Frechheit! Ich verstehe gar nicht, daß sich die heutigen Eltern das gefallen lassen. Wenn ich denke, was für hübsche Gedichte wir seinerzeit aufgesagt haben..."

Er flüsterte ebenso laut und deutlich: „Liebe gnädige Frau, da wir uns schon einmal auf dieses Spiel eingelassen haben, denke ich, wir sollten der jüngeren Generation ein Vorbild geben und die Spielregeln einhalten, auch wenn wir sie nicht gemacht haben."

Seine Augen zwinkerten dabei, aber das sah Frau Wiesner nicht.

Cornelius flüsterte Angelika etwas ins Ohr. Sie lachte laut auf, dann flüsterte sie mit Patrick. Er klatschte in die Hände. „Zählen sie bitte ab. Alle Schüler. Eins – zwei. Frau Wiesner, Sie sind eins, Herr Krutzmann zwei..."

Die Erwachsenen zählten ab, die Einser versammelten sich rechts von der Klopfstange, die Zweier links von der Klopfstange.

„So, und jetzt bitte fangen Sie an zu streiten", sagte Angelika.

„Worüber?" fragten die Erwachsenen.

„Gründe gibt's immer", antwortete Patrick.

Die Erwachsenen blickten ratlos. Man hätte meinen können, streiten sei für sie schwieriger als fliegen oder Seil tanzen. Angelika und Patrick warteten eine Minute, zwei Minuten, fünf Minuten.

Dann zuckte er mit den Schultern, und sie sagte: „Wenn das so schwer ist, dann machen wir einen Vorschlag: die Einser finden unsere Schule großartig, und die Zweier finden sie blöd und furchtbar, und darüber müssen sie streiten. Für Anfänger ist das vielleicht leichter."

Die Erwachsenen standen links und rechts von der Teppichklopfstange und sahen ihre eigenen Füße an. Dann sahen sie einander an. Es war sehr deutlich, daß die meisten am liebsten nach Hause gegangen wären. Plötzlich fing einer an zu lachen. Patrick behauptete später, es sei sein Vater gewesen, während Angelika überzeugt war, daß es nicht Herr Patsch, sondern ihr Vater gewesen war.

Oma Kolberg trat vor. „Also ich finde diese Schule ganz großartig", sagte sie. „Endlich einmal lernt man etwas Vernünftiges, nicht nur so unnützes Zeug, wie seinerzeit, als wir in die Schule gehen mußten."

„Wollen Sie vielleicht behaupten, Bubblegum-Bubble-Blasen wäre etwas Vernünftiges?" fragte Herr Krutzmann. „Wenn das noch lange weitergegangen wäre, hätte ich morgen eine Glatze gehabt."

„Sie würden auch mit Glatze sehr bedeutend aussehen, Herr Rat", sagte Frau Wiesner und wurde rot.

Ein Wort gab das andere, die Erwachsenen rutschten in ihre Rollen hinein. Florians Großmutter verteidigte die Schule für Erwachsene, als wäre es ihre eigene Idee gewesen. Sie packte Frau Manolfo sogar am Ärmel, als die sagte, sie hätte sich etwas Besseres verdient am Muttertag als so einen Quatsch, wo sie doch die ganze Woche über hart arbeiten müsse, um sich und ihre beiden Töchter zu ernähren.

„Quatsch ist das beste Mittel gegen Müdigkeit!"

rief Florians Großmutter. „Und überhaupt – was verstehen Sie denn unter Quatsch?"

Es wurde immer lebhafter. Sogar Frau Wiesner erklärte, es sei höchste Zeit, daß endlich auch die Erwachsenen die Gelegenheit bekämen, zu beweisen, daß sie nicht von gestern wären.

Irgendwann wurde der Streit fast ernst. Die Zweier drohten, nach Hause zu gehen, und zwar sofort, und die Einser schrien: „Spielverderber!"

Plötzlich flogen Anschuldigungen durch den Hof.

„Mit Ihnen ist sowieso nicht zu reden, sie verstreuen ja auch immer Ihren Mist auf der Treppe."

„Und Sie parken im Winter immer auf dem Platz, den ich mir mühselig freigeschaufelt habe."

„Und Ihre Kinder können nicht grüßen und tragen den ärgsten Dreck ins Stiegenhaus."

„Und Ihre Kinder trampeln herum, daß der Luster wackelt und wir ständig neue Glühbirnen kaufen müssen."

„Und Sie lassen immer das Haustor offenstehen."

Da trommelten Max und Fanny auf einen großen alten Topf, die Fahrradklingeln schrillten, und alle Kinder pfiffen, so laut sie konnten. Patrick und Angelika hielten zwei gelbe Karten hoch.

„Schluß!" riefen sie. „Versöhnung!"

Die Erwachsenen standen da und glubschten einander an. Ziemlich lange. Dann ging Herr Krutzmann auf Frau Wiesner zu und streckte ihr die Hand entgegen. Sie nahm sie eifrig.

„Nein!" riefen die Kinder. „Nicht so! Echt versöhnen müßt ihr euch."

„Wie?" fragte Frau Pospischil, die sehr zerrauft aussah.

„Mama!" sagte Theres. „Das mußt du doch selbst wissen."

Angelika streckte sich. „Wenn man es euch vorsagt, dann stimmt's einfach nicht mehr."
Oma Patsch setzte sich auf das Mäuerchen. „Ihr macht es einem ganz schön schwer, wißt ihr das? Wir sollen es richtig machen, und ihr sagt uns nicht, wie es richtig ist."
Patrick murmelte: „So geht es uns auch oft. Kindsein lernen ist halt nicht leicht."
Ein paar Erwachsene lachten.
Patrick schaute finster.
Die Kinder steckten die Köpfe zusammen und flüsterten. Währenddessen holten Herr Krutzmann und Herr Kisutzki Stühle aus dem Haus. Aufatmend setzten sich die Erwachsenen.
Die kleine Lisa wachte in ihrem Kinderwagen auf und fing an zu schreien. Frau Pospischil hob sie heraus und fütterte sie mit Bananencreme. Lisa gluckste zufrieden zwischen zwei Löffeln, und alle sahen ihr zu, und die Gesichter entspannten sich.
Patrick trat vor. „Wir üben erst einmal eine Runde Grimassenschneiden, vielleicht geht es dann leichter mit dem Versöhnen."
Sie bildeten einen Kreis. Patrick machte eine so fürchterliche Grimasse mit entblößten Zähnen und geweiteten Nasenlöchern, daß Fanny weinend zu ihrer Mutter flüchtete und sich erst beruhigte, als Frau Stromeier sie in ihren Armen schaukelte.
Herr Wiesner konnte mit den Ohren wackeln und eine Augenbraue hochziehen, bis man meinte, sie würde sich auf seiner Glatze verirren.
Herr Krutzmann konnte ein Froschmaul ziehen und schnattern wie ein ganzer Ententeich.
Frau Kisutzki legte ihr Gesicht in so schiefe Falten, daß sogar die Kinder Angst bekamen, es würde steckenbleiben.

Am meisten aber lachten alle über Frau Wiesner, die dreinschaute, als röche sie einen ganzen Berg von faulen Eiern. Da sagte Frau Wiesner: „Ich habe doch noch gar nicht angefangen, Grimassen zu schneiden." Alle lachten noch mehr und hielten das für einen guten Witz, den sie Frau Wiesner gar nicht zugetraut hätten, bis sie aufsprang und empört weglaufen wollte. „Und du gehst mit, Eduard", befahl sie.

Herr Krutzmann seufzte lautlos, dann bemühte er sich wieder einmal, Frau Wiesner zu beruhigen, und alle anderen bemühten sich, ihn dabei zu unterstützen. Hadubrand setzte sich auf die Hinterbeine, machte Männchen und legte Frau Wiesner eine Pfote aufs Knie. Sie schüttelte sogar den Dackel ab.

Herr Kolberg meinte schließlich, es habe keinen Sinn, jemanden zum Mitmachen zwingen zu wollen.

Da sagte Frau Wiesner: „Also wegschicken lasse ich mich nicht. Das könnte gewissen Leuten so passen." Sie setzte sich wieder auf ihren Stuhl und blickte herausfordernd um sich.

IV. Kapitel,
in dem es immer lauter wird

Fanny schlug auf den Topf, Max drückte auf die Hupe, Gila, Theres und Felix ließen ihre Fahrradklingeln schrillen, Oliver pfiff auf zwei Fingern und Florian durch seine Zahnlücke. Dann rief er: „Die nächste Schulstunde beginnt!"

Patrick und Angelika trugen einen Korb Orangen in den Hof, zerschnitten die Orangen und reichten jedem Festgast eine Hälfte.

„Jetzt kommt die Schmatz-Schlürf-Rülps-Stunde", rief Florian.

Herr und Frau Kisutzki blickten einander an. „Da ist der Florian ja der richtige Lehrer", sagten sie gleichzeitig.

Herr Kolberg grinste. „Unser Felix ist auch sehr begabt auf diesem Gebiet."

„Und erst unsere Fanny", sagte Frau Stromeier. „So klein sie ist, sie rülpst wie ein Nilpferd."

„Ich wußte gar nicht, daß Nilpferde so besonders gut rülpsen", warf Großmutter Patsch ein.

Oma Kolberg lachte. „Ich kann mir nicht helfen, aber ich hab' fast das Gefühl, ihr streitet darum, wer den besten Meisterrülpser in der Familie hat."

Die Orangenhälften waren verteilt. Florian führte seine an den Mund und schlürfte und schmatzte das Fruchtfleisch heraus. Orangensaft spritzte. „So, und jetzt alle!"

Herr Pospischil, Frau Manolfo, Herr Patsch, Herr Krutzmann und natürlich Frau Wiesner hielten ihre Orangenhälften einfach in den Händen, die anderen begannen zu saugen.

Florian hielt sich die Hände als Trichter an beide Ohren. „Ich höre nichts!"

Herrn Kolberg gelang ein Schmatzen, das alle Kinder beklatschten. „Zugabe!" brüllten sie. „Zugabe!"

Das nächste Schlürfen fiel jämmerlich aus. „Die Orange ist heiser geworden", behauptete Herr Kolberg. „Die hat sich ausgeschlürft und ausgeschmatzt."

Er bekam eine neue Hälfte, aber seine erste Leistung erreichte er nicht mehr. Herr Patsch probierte es jetzt doch.

„Nicht unbegabt, Papa", sagte Patrick.

Seine Mutter schüttelte heftig den Kopf. „Wenn ich denke, wie das jetzt bei uns daheim am Tisch klingen wird... wir können keinen Menschen mehr einladen. Man muß sich ja schämen."

„Mich könnt ihr jederzeit einladen", sagte Oma Patsch. „Ich werde sogar daheim üben. Schon als Kind hab' ich mir immer gewünscht, einmal so richtig schmatzen zu dürfen. Aber damals war es ja ein halber Weltuntergang, wenn man nicht nette ordentliche Tischmanieren gehabt hat. Da hieß es gleich: Aber Mitzi! Kinder soll man sehen, nicht hören."

„Einmal schlürfen beim Suppelöffeln, und man wurde rausgeschickt und mußte hungrig ins Bett gehen", bestätigte Herr Wiesner.

„Sehr richtig", sagte Frau Wiesner.

Herr Krutzmann nickte ihr zu. „Es tut mir leid, aber mir dreht die Schmatzerei und Schlürferei den Magen um."

Oma Patsch betrachtete das weiße Unterhemd, das zwischen Herrn Krutzmanns drittem und viertem Hemdknopf sichtbar wurde.

Darauf zog er den Bauch ein und saß sehr aufrecht. Frau Pospischil senior schlürfte mit Hingabe. Theres und Benny musterten ihre Großmutter voll Hochachtung, einige Erwachsene wandten sich ab.

Florian setzte sich rittlings auf die Teppichklopfstange.

„Und jetzt die Rülpsübungen", sagte er. Er hielt die Luft an, konzentrierte sich und rülpste dann gezählte sieben Mal hintereinander.

Frau Patsch wurde grün im Gesicht, Frau Wiesner hielt sich die Ohren zu, Herr Krutzmann stöhnte leise.

Die anderen mühten sich mit dem Rülpsen ab. Frau Kisutzki wurde rot, als ihrem Mann ein sehr lauter Rülpser gelang.

„Und jetzt im Takt", sagte Florian. Cornelius und Anna stimmten ihre Gitarren und begannen zu spielen, Max und Fanny klopften wilde Rhythmen auf den Kochtopf. Komischerweise begann jetzt ausgerechnet Herr Krutzmann laut und vernehmlich zu rülpsen.

Frau Wiesner zuckte zusammen, dann flüsterte sie ihrem Mann zu: „Aber so im Rhythmus ist es doch ganz was anderes, ich meine, da ist es ja sozusagen Kunst, oder?"

Herr Wiesner nickte. „Aber sicher, meine Liebe." Und dann rülpste er laut und vernehmlich.

„Falsch!" Frau Wiesner funkelte ihn böse an. „Völlig falscher Einsatz."

Er rülpste noch einmal. „Ganz im Gegenteil. Ich war der einzige, der richtig eingesetzt hat." Er lachte, und die meisten lachten mit ihm.

„Sie kriegen einen Einser", sagte Florian.

Cornelius und Anna spielten weiter. Frau Manolfo schnippte mit den Fingern im Takt.

Ein paar Sonnenstrahlen drangen durch die Wolkendecke, warfen lange blasse Streifen in den Hof.

„Als ich ein Kind war", erzählte Oma Kolberg, „hab' ich mir immer vorgestellt, da oben, wo die Strahlen zusammenlaufen, ist das Auge Gottes. Eigentlich hab' ich es mir nicht vorgestellt, ich habe es gesehen. So ein Dreieck mit einem großen Auge darin. Und ich hab' immer ein schlechtes Gewissen bekommen, wenn das Auge am Himmel war."

„Also so was!" Frau Wiesner wurde ganz aufgeregt. „Genau so war es bei mir auch. Ganz genau so."

Die beiden fingen an, miteinander zu reden, und entdeckten viele gemeinsame Erinnerungen.

„Haben Sie die Gärtnerei noch gekannt?"

„Natürlich. Wie hat der Sohn geheißen, der am letzten Kriegstag gefallen ist? Mein Gott, der Name liegt mir auf der Zunge ..."

„Braune Locken hat er gehabt, und immer gesungen hat er; was der an Liedern gekannt hat ..."

„... und die Tochter vom Bäcker wollte er heiraten, gleich nach dem Krieg."

„Die hat ja dann erst in den fünfziger Jahren geheiratet, einen Steirer."

„Aber wo. Aus Oberösterreich war der."

„Meine Mutter hat mich immer hingeschickt, in der ganz schlechten Zeit, als mein Vater so lange arbeitslos war, da hab' ich beim Jäten geholfen und dafür Gemüse bekommen oder Obst."

„Ich auch! Komisch, daß wir uns nicht getroffen haben."

„Zeiten waren das. Mein Bruder ist den ganzen Tag den Bahndamm abgelaufen, Kohle suchen, und im Herbst haben wir auf den Feldern nach vergessenen Erdäpfeln gebuddelt."

„Wir auch. Wenn ich an die Schuhe denk von meiner Tante, die waren mir viel zu groß, die haben sie mir vorn mit Zeitungspapier ausgestopft."

„Bei mir haben sie die Kappe abgeschnitten, damit ich Platz für die Zehen hab'. Aber die sind heute noch verbogen, und wenn ich nicht jeden Monat zur Fußpflege geh', kann ich überhaupt nicht laufen."

Alle hörten zu.

„Ich weiß noch, als wär's gestern gewesen", sagte Frau Wiesner, „wie mir einmal die Frau Zerzan Gänseklein geschenkt hat und die Mutter hat eine Suppe gekocht und den Hals gefüllt mit den zerhackten Innereien." Sie leckte sich die Lippen. „Ich glaube nicht, daß mir jemals wieder etwas so gut geschmeckt hat. Komisch, die ganzen Jahre hab' ich nicht mehr daran gedacht."

Sie redeten und redeten. Plötzlich gab sich Oma Kolberg einen Ruck. „Und was ist die nächste Schulstunde?"

„Mittagessen!" riefen die Kinder. „Und während wir kochen, müssen die Großen drei Gruppen bilden und sich Streiche ausdenken."

Die Kinder liefen hinauf in die Kolberg-Wohnung.

Angelika stellte einen großen Topf Wasser auf den Herd.

Felix schnitt Brot.

Anna wusch Radieschen, Tomaten und grüne Paprika.

Patrick schnitt die Gurken in Scheiben.

Angelika und Patrick zerteilten die Kuchen.

Florian trug Pappbecher in den Hof.

Benny schnitt die Chipstüten auf.

Oliver und Gila schleppten den alten Holztisch aus der Waschküche in den Hof und breiteten Packpapier darüber.

Theres stellte die Pappteller auf den Tisch.
Max legte Schokolinsen um die Teller.
Fanny paßte auf, daß er nicht versehentlich eine in den Mund steckte. Außerdem war sie allen im Weg.
Cornelius warf die Würstel ins kochende Wasser, da rief Patrick: „Das Wichtigste haben wir vergessen!"
„Was?"
„Den Ketchup natürlich!"
Alle rannten in ihre Wohnungen und suchten in den Vorratsschränken. Schließlich standen fünf halbvolle Flaschen auf dem Tisch.
Die Erwachsenen klatschten, als die Kinder mit dem Würstelberg, zwei Kisten Limonade und den vollen Tabletts in den Hof kamen.
„Das hätte ich den Kindern gar nicht zugetraut", sagte Herr Patsch. „Sogar scharfen Senf gibt's."
„Und kein einziges Würstchen geplatzt", stellte Frau Manolfo fest.
„Nur das Bier fehlt", bedauerte Herr Pospischil.
„Kinder dürfen kein Bier trinken", erklärte sein Sohn Benny streng. „Und wenn ihr lernen sollt, Kinder zu sein, dürft ihr auch kein Bier trinken."
Gila grinste in sich hinein. „He, dann dürft ihr ja heute abend auch nicht fernsehen. Nur das Kinderprogramm!"
„Und um sieben müßt ihr ins Bett!" rief Felix.
„Ich möchte gern wissen, wann du um sieben ins Bett gehst", erkundigte sich sein Vater.
„Gehen nicht, aber sollen", beharrte Felix.
Cornelius rief: „Die Würstel werden kalt!"
Florian stieß einen besonders lauten Pfiff aus. „Und beim Essen wollen wir sehen, ob die Schmatz-Schlürf-Rülps-Stunde genützt hat. Wie sagt ihr immer? Nicht für die Schule, für das Leben lernen wir. Also macht mir bitte keine Schande."

Fanny verteilte Strohhalme. „Damit schlürft sich's leichter", flüsterte sie ihrem Vater zu.

Die letzten Wolken verzogen sich. Es wurde richtig warm.

„Wenn ich denke", sagte Oma Patsch, „daß die anderen armen Mütter jetzt irgendwo in einem überfüllten Lokal sitzen und auf ihr Schnitzel warten und die Kellner immer grantiger und gehetzter werden... Da haben wir's doch richtig schön gemütlich hier." Sie biß in ihr Würstchen. Der Saft spritzte.

„Schmatzen nicht vergessen!" mahnte Florian.

„Und wenn noch einer mit leerem Mund redet, dann geht er vom Tisch", ergänzte Oliver.

Herr Patsch trank einen Schluck Limonade, rülpste laut und fing an zu niesen. Er sah richtig verschreckt aus. „Das ist mir irgendwie in die Nase gegangen", entschuldigte er sich.

„Fünf Punkte für den Rülpser, Papa, aber vier werden dir abgezogen, weil du dich entschuldigt hast", sagte Patrick.

Sie begannen Punkte zu verteilen: zwei für Fingerabschlecken, drei für Schmatzen, fünf für einen schallenden Rülpser, zwei für einen gewöhnlichen. Als Herrn Kisutzki der letzte Bissen Wurst aus der Hand glitt und direkt auf den Teller von Frau Patsch schnellte, bekam er vierzehn Punkte. Cornelius hätte ihm fünfzehn gegeben, aber Florian war dagegen, er meinte, sonst würde sein Vater größenwahnsinnig und könnte glauben, er wäre schon ein fertig ausgebildetes Kind.

Beim letzten Schluck Limonade machte Frau Wiesner ein so gurgelndes, ziehendes, schlürfendes Geräusch, daß sie heftig erschrak, und als alle applaudierten, zuckte sie zusammen.

„Sie ist ein schwerer Fall", flüsterte Angelika Florian zu. Er nickte gleichmütig, klatschte in die Hände und sagte: „So, jetzt blasen alle einmal durch ihre Strohhalme und saugen den letzten Rest aus den Flaschen, und diesmal will ich wirklich was hören."

„Klingt wie ein Schweinestall bei der Fütterung", stöhnte Herr Krutzmann, aber Oma Pospischil schüttelte nur mitleidig den Kopf. „Da sieht man, daß Sie noch nie in einem Schweinestall waren, jedenfalls nicht zur richtigen Zeit."

Die Kuchen wurden verteilt und von allen gelobt. Frau Wiesner fragte fünfmal nach, ob die Kinder die auch wirklich selbst gebacken hätten.

Mitten in das satte, zufriedene Schweigen rief Oma Kolberg: „Gottfried!"

Alle sahen sie fassungslos an, nur Frau Wiesner nickte heftig. „Natürlich. Gottfried hieß er. Natürlich. Und Lieder kannte der!"

Gila sprang auf. „Die Pause ist vorbei! Sind die Gruppen eingeteilt?"

„Oh", sagte Frau Krutzmann.

Einer schien auf den anderen zu warten, schließlich räusperte sich Herr Patsch. „Wir haben nur getratscht, während ihr euch ums Essen gekümmert habt."

Gila nickte. „Vielleicht wird doch noch was aus euch."

Jetzt waren die Erwachsenen völlig verwirrt. „Warum?" fragten einige. „Wieso?"

„Weil ihr doch nicht immer tut, was man euch sagt."

„Wir wollten nur keine Spielverderber sein", meldete sich Herr Stromeier, der bisher nur geschwiegen und manchmal gelächelt hatte. Er war das genaue Gegenteil von seiner Tochter Fanny, die nur ganz selten nicht redete.

„Das könnt ihr öfter haben", sagte Herr Krutzmann. „Wir machen gern was anderes, als ihr wollt."

Cornelius hob abwehrend die Arme. „So war es aber wirklich nicht gemeint, Papa!"

Gila schwang sich auf die Teppichklopfstange. „Bitte Gruppen einteilen."

Die Erwachsenen konnten sich nicht entschließen, wer mit wem zusammengehen sollte.

„Das erinnert mich an die Tanzstunde", sagte Frau Krutzmann. „Unser Tanzlehrer hat immer denselben Witz gemacht: Es ist nur zu hoffen, daß ihr euch euren Partner fürs Leben ebenso sorgfältig aussuchen werdet wie jetzt den Partner für einen Walzer."

„Also gut", rief Gila. „Frau Stromeier, Herr Pospischil, Frau Manolfo ..."

„Seit wann sind wir eigentlich per ‚Frau Manolfo'?" fragte ihre Mutter. „Muß ich jetzt ‚Fräulein Manolfo' zu dir sagen?"

Gila antwortete nicht, sie war voll mit der Einteilung der Gruppen beschäftigt. „Herr Kolberg, Frau Krutzmann, und ..." Sie zögerte, weil sie nicht wußte, wie sie die Oma Pospischil ansprechen sollte.

„Du kannst ruhig Oma Pospischil zu mir sagen. Alle nennen mich so. Ich bin gern eine Oma, weißt du."

V. Kapitel,
in dem sich mehrere Leute
sehr wundern

Alle drei Gruppen tuschelten und steckten die Köpfe zusammen, während die Kinder den Tisch abräumten. Die zweite Gruppe platzte plötzlich los und lachte schallend.

„Fertig!" riefen sie gleichzeitig.

Die Kinder warteten gespannt.

„Wir haben beschlossen, eine Klingelpartie zu machen", sagte Opa Pospischil.

„Eine Glöckerlpartie", korrigierte Frau Kolberg.

„Bei uns hat das immer Klingeltour geheißen", ergänzte Herr Patsch.

Patrick und Oliver musterten ihren Vater. Wie wollte er mit seinem dicken Bauch schnell genug wegrennen, wenn er an einer Haustür geklingelt hatte? Wo wollte er sich verstecken?

„Aber wir schauen zu", sagten die Kinder.

„Bitte sehr, aber leise!"

Die Gruppe Zwei ging los. Herr Stromeier reichte Frau Kolberg galant den Arm, Frau Pospischil und Frau Kisutzki unterhielten sich mit Oma Kisutzki, Herr Patsch und Opa Pospischil schritten, die Arme hinter dem Rücken verschränkt, wie in tiefen Gedanken: eine Gruppe Sonntagsspaziergänger, die nichts im Sinne hat, außer ein wenig frische Luft zu schnappen. Vor jedem Haus blieben sie stehen, musterten es von oben bis unten, als wäre es eine Sehenswürdigkeit, und schritten gemächlich weiter.

Theres und Felix stießen einander an und glucksten. Oliver kaute seine Fingernägel, was er sich eigentlich längst abgewöhnt hatte. Max bohrte in der Nase.

„Ich hab' ein bißchen Bammel wegen Papa", flüsterte Oliver Patrick zu.

Patrick knuffte ihn. „Keine Sorge, Bruderherz." Aber er sah selbst ziemlich besorgt aus.

„Worauf warten sie noch?" brummte er ein paar Schritte weiter.

„Die klingeln sicher auf Nummer 54. Dort wohnen fast nur ganz alte Leute, die erwischen sie nicht."

Aber die Gruppe Zwei ging auch an Nummer 54 vorbei, an Nummer 56 und an Nummer 58. In der Helmut-Domenego-Gasse 60 drückten sie auf alle Klingelknöpfe. Laut und lange. Und lachten.

„Schiebung!" riefen die Kinder. „Das gilt nicht!"

„Wieso?" fragte Oma Kolberg ganz unschuldig.

„Wieso?" echoten die anderen.

„Weil das überhaupt kein echter Klingelsturm war!" rief Florian.

„Doch", sagte Herr Patsch. „Wir haben Sturm geläutet. Habt ihr es nicht gehört?"

„Vielleicht solltet ihr euch die Ohren waschen", schlug Frau Pospischil freundlich vor. Benny und Theres schnaubten.

Im Haus gegenüber wurde ein Fenster geöffnet. „Ruhe da unten!" rief jemand.

„Ich glaube, ich höre Lisa weinen", behauptete Frau Pospischil. Sie ging durch den Flur in den Hof, die anderen folgten nach. Lisa lag friedlich im Kinderwagen und nuckelte an ihrem rechten Fuß. Sie hatte drei Zehen gleichzeitig im Mund.

„Na?" fragten die Erwachsenen, die im Hof zurückgeblieben waren.

Die Kinder schimpften über die Gruppe Zwei. Oliver schimpfte am lautesten.

„Tja", machte Herr Wiesner, wackelte mit dem Kopf und schnalzte mit der Zunge, „was soll man dazu sagen? Geklingelt haben sie, das läßt sich nicht leugnen. Wir haben es alle gehört."

Gila schwang sich auf die Teppichklopfstange. „Ich bin die Lehrerin!" rief sie. „Wenn die Gruppe Zwei keinen anständigen Streich macht, kriegen alle 100 Punkte abgezogen. Basta!"

Frau Manolfo versuchte, ihre Tochter zu beruhigen.

„Du misch dich da nicht ein, Mama", fauchte Gila.

Herr Kisutzki sagte, Gruppe Drei sei bereit und die Gruppe Zwei könne ja inzwischen überlegen, wie sie es mit den Punkten halten wolle.

„Was habt ihr vor?" fragte Florian.

Sein Vater legte einen Finger auf den Mund. „Das ist ein Geheimnis. Wenn ihr raufgeht, könnt ihr zuschauen. Ich denke, von unseren Wohn- und Kinderzimmerfenstern hat man den besten Blick."

„Ihr werdet euch wundern", sagte Herr Wiesner. „Von uns könnt ihr allemal noch was lernen." Er kicherte. „Sogar Kindsein."

Frau Patsch und Frau Krutzmann liefen noch schnell in ihre Wohnungen, dann zog die Gruppe Drei ab. Die Kinder drängelten sich vor den Kisutzki-Fenstern.

Unten auf der Straße war es sonntagsstill. Eine Frau spazierte mit einem blonden Pudel vorbei. Als Hadubrand den Pudel sah, tanzte er aufgeregt auf den Hinterbeinen und kläffte wild, und Frau Wiesner hatte Mühe, ihn zu beruhigen. Ein Radfahrer fuhr zur Hauptstraße. Plötzlich flatterte an einer Autoantenne ein Stück rosaroter Stoff.

„Das ist ja von Mamas Dirndlrock!" sagte Cornelius.

Zu dem rosa Stoff kamen ein blauer, ein grüner und ein gelber Wimpel. Jetzt sahen die Kinder auch die Hand, die die Stoffreste festband, dann einen davonhuschenden Schatten. Fast gleichzeitig bekamen alle in der Gasse geparkten Autos auf geheimnisvolle Weise Schleifen und Wimpel in allen Farben. Der Wind ließ sie flattern.

Felix stieß Oliver an. „Da geht deine Mama!" Frau Patsch schob sich tief gebückt an den Autos vorbei, rannte über die Straße und verschwand im Haus. Herr Patsch stöhnte erleichtert, und Patrick und Oliver begannen zu pfeifen.

Da ging das Haustor gegenüber auf, und ein Herr und eine Dame kamen heraus. Herr Wiesner aber kauerte noch hinter einem großen grünen Auto.

Die Kinder hielten den Atem an.

Frau Wiesner rang die Hände. Hadubrand stellte sich auf die Hinterbeine und kratzte ans Fenster.

Herr Wiesner streckte sich und tat, als wäre er eben herangeschlendert gekommen.

Der Herr und die Dame traten zu dem großen grünen Auto. Die Dame starrte auf die Antenne. „Eberhard!" kreischte sie.

Der Herr griff nach dem ersten Wimpel, einem weißen mit Teddybären darauf, und versuchte, ihn abzureißen. Dabei verbog er die Autoantenne. Er fing an zu schreien und fuchtelte mit den Händen. „Meine teure Antenne! Wenn ich den erwische, der das getan hat, der soll was erleben!"

Herr Wiesner spitzte die Lippen. „Wirklich empörend", stimmte er dem aufgeregten Herrn zu.

„Du hast die Antenne verbogen!" keifte die Dame.

„Ist es meine Antenne oder deine?" fragte der Herr.

Die Dame schimpfte weiter: „Das waren die

Fratzen von gegenüber! Denen gebührt eine anständige Tracht Prügel. Kein Benehmen, besonders dieser kleine Rothaarige ..."

Sie redeten so laut, daß man sie bei offenen Fenstern bis über die Straße hören konnte. Florian duckte sich. Der kleine Rothaarige war er, wer sonst?

Herr Wiesner schüttelte den Kopf. „Das waren keine Kinder."

„Jugendliche also", sagte der Herr. „Jugendliche Vandalen. Diese heutige Jugend taugt nichts, das ist einmal klar."

Herr Wiesner machte ein nachdenkliches Gesicht. „Also ich habe da eben gerade ein paar Erwachsene davonschleichen gesehen. Mir scheint, eine ältere Dame war auch dabei, die hat gekichert und sich zwischen den geparkten Autos versteckt."

„Das glaube ich nicht", sagte der Herr. Die Dame zupfte ihn am Ärmel, er kümmerte sich nicht darum. „Erwachsene tun so etwas nicht."

Die Dame zupfte fester.

Herr Wiesner pflanzte sich vor dem Herrn auf. „Sie werden doch nicht behaupten wollen, daß ich nicht weiß, was ich mit meinen eigenen Augen gesehen habe? Es waren Erwachsene! Ich bin zwar alt, aber blöd bin ich nicht."

Die Dame flüsterte schrill: „Eberhard! Siehst du nicht, daß der Mann verrückt ist? Komm, fahren wir, bevor etwas passiert."

Herr Wiesner tat, als hätte er sie nicht gehört, und ging noch einen Schritt auf das Paar zu.

Der Herr stellte sich vor die Dame, hielt schützend seinen Regenschirm mit der linken Hand quer vor sie und schloß mit der rechten die Autotür auf.

„Schnell, Edeltraut, steig ein!"

Die Dame stieg ein und verriegelte das Auto von innen.

Den Schirm vor sich herhaltend, sprang der Herr ums Auto, schloß die Fahrertür auf, brauchte ziemlich lange, bis er den Zündschlüssel im Schloß hatte, dann gab er Gas und fuhr mit quietschenden Reifen davon.

Herr Wiesner winkte dem Wagen nach.

Als er ins Haus kam, konnte er vor Lachen nicht mehr stehen und mußte sich hinsetzen.

Alle Hausbewohner begrüßten ihn mit lautem Applaus, nur Frau Wiesner schüttelte den Kopf und sagte: „Jetzt sind wir seit dreißig Jahren miteinander verheiratet, und ich kenne dich ja wirklich, aber so etwas hätte ich nie von dir erwartet. Benimmst dich wie ein Lausbub!"

„Er lernt eben", sagte Herr Krutzmann. „Sie müßten doch sehr stolz sein auf Ihren Gatten, gnädige Frau. Er lernt viel schneller als wir."

Frau Wiesner nestelte an ihrem Blusenkragen.

Fanny nahm Herrn Wiesner an der Hand.

„Sie kriegen fünfzig Punkte", sagte Cornelius.

„Siebzig", sagte Gila.

„Tausendhundert", sagte Max.

Herr Wiesner setzte sich in einen Sessel. „Jedenfalls kann ich mich nicht erinnern, wann ich zum letzten Mal so gelacht habe. Hat richtig Spaß gemacht." Hadubrand sprang ihm auf den Schoß und versuchte, seine Wange abzuschlecken.

„Möchte jemand Kaffee?" fragte Frau Kisutzki.

„Mama!" rief Florian empört. „Doch nicht Kaffee!"

„Kinder kriegen keinen Kaffee", erklärte Patrick. „Und Kinderschüler erst recht nicht."

Herr Kisutzki stellte den Antrag, eine Ausnahme zu machen, er jedenfalls brauche jetzt dringend eine Tasse. Nach langem Hin und Her beschlossen die Kinder, den Kaffee zu erlauben, und die Erwachsenen freuten sich so sehr, daß sie für alle eine Runde Schleckeis spendierten.

„Und was hat die Gruppe Eins vor?" erkundigte sich Gila.

Das wollte die Gruppe erst nach dem Kaffee verraten.

„Aber ordentlich schlürfen", mahnte Florian.

„Das ist nicht schwer bei heißem Kaffee", sagte sein Vater.

Fanny hüpfte von einem Bein aufs andere.

„Mußt du aufs Klo?" fragte Frau Stromeier.

„Immer denkst du nur ans Klo", sagte Fanny.

Als die Erwachsenen lachten, wurde sie ärgerlich, da lachten die Erwachsenen noch mehr, und Fanny wurde richtig wütend.

Die Gruppe Eins sagte, für ihren Streich müßten alle in den Park gehen und sich ganz normal benehmen.

Sie zogen in kleinen Gruppen los. Die Erwachsenen aus den Gruppen Zwei und Drei setzten sich auf Parkbänke, Fanny und Max kletterten auf das alte Feuerwehrauto, Theres und Felix verkrochen sich in dem kleinen Blockhaus und redeten leise miteinander. Die anderen Kinder standen herum.

„Puh, ist das schwierig, normal zu sein", sagte Patrick.

„Woher willst du wissen, wie man normal ist?" fragte sein Bruder Oliver freundlich.

Patrick knuffte Oliver.

Oliver knuffte zurück.

„So ist normal", sagte Benny.

Plötzlich lag eine Brieftasche auf dem Weg.

Ein paar Minuten lang passierte nichts.

Dann kam ein Mann, blickte sich nach allen Seiten um, bückte sich und griff nach der Brieftasche, die sehr prall und voll aussah. Die Brieftasche hüpfte zur Seite, lag wieder still. Der Mann griff noch einmal danach, anscheinend dachte er, er hätte sie mit dem Fuß gestoßen. Die Brieftasche schlitterte nach rechts. Der Mann murmelte etwas Unverständliches. Wieder griff er zu, da schnellte die Brieftasche nach links und verschwand im Gebüsch.

„Rotzbuben, freche, wartet nur, wenn ich euch erwische!" Der Mann spähte ins Gebüsch. Aber dann tauchten zwei Jogger in der Kurve auf, und der Mann ging brummelnd davon.

Kurz darauf kamen Herr Pospischil und Herr Kolberg auf den Spielplatz, sie hatten die Hände in den Hosentaschen und pfiffen fröhlich vor sich hin.

„Da kommen die Rotzbuben", sagte Benny zu Angelika.

„Also wirklich!" riefen Herr Pospischil und Herr Kolberg gleichzeitig. „Wie redet ihr eigentlich von euren Vätern?"

„Oh, Entschuldigung", flötete Angelika mit niedergeschlagenen Augen. „Wir haben euch gar nicht erkannt. Wir haben gedacht, da kämen die, die dem armen Mann die Brieftasche vor der Nase weggezogen haben, die er zum Fundbüro bringen wollte."

Anna ruderte mit den Armen. „Da glitzert etwas!" Sie zeigte auf einen Baum, dessen Äste tief bis auf die Wiese herunterhingen.

„Nicht so auffällig hinschauen!" mahnte Angelika.

Ein junges Paar schlenderte den Hügel herauf. Der Mann blieb mit einem Ruck stehen.

„Hast du zufällig Lust, dich mit mir zu verloben?" Er hob den Ring auf, in seinem Eifer übersah er den dünnen Nylonfaden. Der Ring entschwebte mit einem Ruck. Der junge Mann sprang hoch, aber der Ring verschwand zwischen den Zweigen.

„Schade", sagte er. „Der hätte dir gut gepaßt."

Hand in Hand gingen die beiden davon.

Frau Manolfo und Frau Krutzmann tauchten aus dem Gebüsch auf.

„Marion!" sagte Herr Krutzmann vorwurfsvoll, „und wenn der Ring jetzt weg wäre?"

„Er ist nicht weg!" Sie hielt ihm ihre Hand mit dem Ring vor die Nase.

„Das war trotzdem sehr leichtsinnig von dir."

Jetzt schlenderte auch Frau Stromeier lässig daher, die Locken voll von Blättern und winzigen Zweigen. Alle lachten.

„Was ist denn so komisch?" fragte sie. „Ich möchte gern mitlachen."

Frau Krutzmann holte einen Spiegel aus der Handtasche. Frau Stromeier fand, sie sehe aus wie ein Waldschratt, aber Fanny erklärte, sie habe ihr noch nie so wundergut gefallen. „Kommst du jetzt mit mir rutschen, Mama?"

„Alle sollen rutschen!" rief Florian. „Mir nach!"

Frau Stromeier stieg zwischen Fanny und Florian auf die große Rutsche. Nach einigem Zögern folgten die anderen Erwachsenen, bis auf Herrn und Frau Wiesner, die Großeltern Patsch und Opa Pospischil.

Oma Kolberg rutschte gleich dreimal hintereinander.

„Warum hab' ich das nicht schon früher versucht?" fragte sie.

Sie erwartete keine Antwort und bekam auch keine.

Die Kinder beobachteten erstaunt, wie sich die

Erwachsenen auf der Leiter drängelten. „Das hätte ich nie von ihnen erwartet", sagte Patrick. „Und es macht ihnen sogar Spaß!"

Theres wiegte ernst den Kopf hin und her. „Da sieht man wieder, daß man auch Erwachsene nicht unterschätzen darf."

Herr Wiesner trat zur Rutsche. „Jetzt bin ich aber dran!" Die anderen machten ihm Platz.

Er stieg mit wichtiger Miene hinauf, setzte sich in Positur und rutschte los. Unten vergaß er, mit den Füßen abzubremsen, und landete auf dem Steißbein.

Sein Gesicht verzog sich. Er legte die Hand aufs Kreuz beim Aufstehen.

„Jaja", brummelte Frau Wiesner. „Wenn's dem Esel zu wohl wird ..."

„Geht er auf die Rutsche", ergänzte Herr Wiesner.

„Ich hoffe, du erwartest nicht, daß ich dir die ganze Nacht warme Umschläge mache und dich mit Rheumasalbe einreibe und dich bemitleide."

„Ich?" empörte sich Herr Wiesner. „Wie kommst du nur auf so eine Idee?"

Die Frauen lächelten und zwinkerten einander zu. Man konnte es Frau Wiesner ansehen, daß ihr das sehr gut tat.

Herr Krutzmann rutschte gerade wieder hinunter, als zwei Herren daherspaziert kamen. Herr Krutzmann wurde entsetzlich verlegen. Er drehte den Kopf weg und putzte sich Sand von der Hose.

Die beiden Herren blieben stehen.

Herr Krutzmann tat, als bemerke er sie erst jetzt. „Oh, guten Tag, Herr Oberstaatsanwalt", sagte er.

Der Oberstaatsanwalt streckte ihm die Hand entgegen. „Grüße Sie, Herr Kollege."

„Ich ..." Herr Krutzmann blickte hilfesuchend um sich. „Ich ... also es ging darum ... es gab nämlich eine Diskussion ... ja ... um die Sicherheit dieser Spielgeräte ..."

„Durchaus, Herr Kollege, durchaus", sagte der Oberstaatsanwalt. „Schöner Tag, nicht wahr?"

Herr Krutzmann beeilte sich zu bestätigen, daß es tatsächlich ein schöner Tag geworden war, nach einem nicht eben vielversprechenden Anfang.

Theres und Gila kicherten.

„Ja", sagte der Oberstaatsanwalt, „dann wünsche ich noch einen schönen Sonntag."

„Ebenfalls, Herr Oberstaatsanwalt, und meine besten Empfehlungen an Ihre Frau Mutter."

„Meine Mutter", sagte der Oberstaatsanwalt, „ist vor dreiundzwanzig Jahren verstorben."

Herr Krutzmann wurde feuerrot. „Oh, das tut mir aber wirklich leid ..."

Der Oberstaatsanwalt lächelte und machte eine beschwichtigende Geste. Er nickte seinem Begleiter zu. „Wir sollten uns wieder auf den Weg machen. Meine Frau wartet sicher schon mit dem Tee." Die beiden Herren schritten davon.

Herr Krutzmann blickte ihnen mit hängenden Armen nach.

„Nimm's nicht so tragisch, Hanspeter", sagte seine Frau.

Er fuhr sie an. „Ich hab' mich für alle Zeiten lächerlich gemacht, und du sagst: nimm's nicht so tragisch. Was wird der Oberstaatsanwalt von mir denken? Ich kann mich überhaupt nicht mehr blicken lassen ..."

Seine Frau berührte ihn am Ärmel. „Die Leute denken meist viel weniger, als man glaubt. Viel, viel weniger."

Er schüttelte ihre Hand ab. „Das kannst du mir nicht weismachen. Ich habe doch genau gesehen, was er dachte. Der nimmt mich nie wieder ernst."

Die Hausbewohner standen ziemlich unglücklich um die beiden herum.

„Was starrt ihr mich alle so an?" fauchte er.

Frau Wiesners Gesicht verriet deutlich, daß sie sagen wollte: Ich habe es ja von Anfang an gewußt. Aber auf mich hört eben niemand.

Fanny kramte in ihrer Hosentasche. Sie zog einen fransigen Rest Papiertaschentuch heraus, dann eine Murmel, ein Stück bunten Bindfaden, eine rote und eine grüne Büroklammer, ein zerquetschtes Gummibärchen und schließlich ein Karamellbonbon. Das reichte sie Herrn Krutzmann.

Er winkte ab, da stülpte sie ihre Unterlippe nach außen, legte die Stirn in Falten, zog die Nase hoch, bis die Nasenlöcher geradeaus nach vorn zeigten. Der erste Schluchzer genügte. Herr Krutzmann steckte das Karamellbonbon in den Mund. Er machte dabei ein Gesicht, als müsse er Gift nehmen.

„Scheiße", murmelte Cornelius. „Es hat so gut angefangen, und jetzt ..."

Herr Krutzmann lutschte, und alle schauten ihm beim Lutschen zu.

Plötzlich schüttelte er sich. „Wir sind schließlich auf keiner Beerdigung", sagte er. „Und die Gruppe Drei schuldet den anderen noch einen Streich."

Alle atmeten auf.

Frau Krutzmann nahm den Arm ihres Mannes und drückte ihn. Diesmal schüttelte er sie nicht ab. Er gab ihr einen Kuß.

„Hanspeter", sagte sie, „manchmal weiß ich wieder, warum ich mich damals in dich verliebt habe."

Oma Patsch verzog sich mit ihrer Schwiegertochter Anneliese, mit Herrn Kisutzki und Herrn Wiesner in eine stille Ecke des Spielplatzes.

Wenige Minuten später winkte die Gruppe Drei den anderen, ihr zu folgen. Sie gingen zur Telefonzelle am oberen Parkeingang. Dort suchten zuerst einmal alle in ihren Geldbörsen und Hosentaschen nach Schillingen. Oma Patsch betrat als erste die Telefonzelle und ließ die Tür offen.

„Zuhören dürft ihr, aber nicht lachen, jedenfalls nicht laut!" Sie wählte eine Nummer.

„Guten Tag", sagte sie in den Hörer. „Hier spricht Schneewittchens Stiefmutter ... Ja, Sie haben richtig gehört. Bitte legen Sie nicht auf. Es hat leider eine peinliche Verwechslung gegeben. Der Apfel, den ich für Schneewittchen vorbereitet hatte, ist durch eine Verkettung unglückseliger Umstände bei Ihrem Gemüsehändler gelandet ... Ich habe mir seine Kundenliste geben lassen. Bitte prüfen Sie nach, ob Sie einen Apfel mit einer roten und einer grünen Seite im Hause haben. Sie erkennen ihn an der Einstichstelle links, mitten im roten Teil. Es wäre mir außerordentlich peinlich, wenn gerade Sie vergiftet würden..."

Sie hielt die Hand über die Sprechmuschel. „Der ist tatsächlich nachsehen gegangen!" Dann legte sie ihr Gesicht wieder in ernste Falten. „Sie haben nur gelbe Äpfel zu Hause? Da bin ich aber beruhigt ... Nein, ich kann Ihnen schwören, ich habe keinen einzigen gelben in der Hand gehabt ... Vielen Dank für Ihre Hilfe. Ich werde Ihnen bei Gelegenheit einen Spiegel zukommen lassen." Sie hängte ein.

„Der war doch tatsächlich ganz aufgeregt", berichtete sie.

Oliver kratzte sich am Ohr. „Woher wissen wir, ob du eine echte Nummer gewählt hast, Oma? Könnte ja sein, daß gar niemand am anderen Ende war."

Sie blickte ihren Enkel empört an. „Also das hätte

ich nie von dir geglaubt. Daß du deine eigene Großmutter für ein Schlitzohr hältst. Also wirklich."

Opa Patsch meinte, es könnte ja immer ein Kind in die Zelle mitkommen, aber nur unter der Bedingung, keinen Mucks von sich zu geben.

Sie zählten aus, und Theres durfte mit Opa Patsch gehen. „Du kannst sogar wählen", sagte er. „Denk dir eine Nummer aus."

Theres wählte.

„Hallo", sagte Opa Patsch mit seiner allertiefsten Stimme, „hier spricht Wolf ... Aber natürlich kennen wir uns. Seit frühester Kindheit sogar. Also es geht um folgendes: mir ist ganz entsetzlich leer im Bauch... Was das mit Ihnen zu tun hat? Sehr viel hat es mit Ihnen zu tun! Ich wollte fragen, wieviel Sie wiegen ... Das soll mich nichts angehen? Und ob mich das angeht! Ich muß schließlich wissen, ob es sich lohnt, bei Ihnen vorbeizukommen. Ich fühle mich schon so schwach, daß ich mir nicht für einen jämmerlichen Happen die Füße wundlaufen will... Was sagen Sie? Verrückt soll ich sein? Ich bin überhaupt nicht verrückt, merken Sie sich das, hungrig bin ich wie ein Wolf..." Opa Patsch machte ein enttäuschtes Gesicht, hängte den Hörer ein und sagte: „Aufgelegt hat er. Manche Leute haben überhaupt keine Manieren."

Theres stupste Felix an. „Da war wirklich ein Mann am Telefon. Richtig zornig ist er geworden."

„Und mein Schilling war noch gar nicht aufgebraucht", empörte sich Opa Patsch.

Die Zuhörer klatschten und lachten.

Als nächste war Frau Kisutzki an der Reihe, diesmal hörte Felix zu. „Ist dort das Fundbüro? Ich habe nämlich mein rotes Käppchen verloren, wahrscheinlich im Schottenwald, und ohne rotes Käppchen bin ich ja kein Rotkäppchen, es ist also sehr wichtig für mich, es wiederzubekommen, ich bin sozusagen nicht mehr ich, völlig namenlos, man hat leider unterlassen, mir einen anderen Namen zu geben, ich zahle natürlich auch Finderlohn, Kuchen und eine Flasche Wein, meine Oma hatte sowieso keinen Appetit nach all den Aufregungen, und der Jäger... Wie bitte? Sie sind gar nicht das Fundbüro? Ja, warum sagen Sie mir das nicht gleich?"

Sie war völlig atemlos, sie hatte alles in einem Schwall heruntergesprudelt.

„Das ist ja besser als Fernsehen", sagte Oliver.

Jetzt wählte Gila eine Nummer für Herrn Patsch. Da meldete sich niemand. Die nächste Nummer war besetzt, bei der dritten ertönte ein seltsamer Pfeifton. Bei der vierten endlich war eine Frau am Apparat.

„Hier spricht ihr Prinz", sagte Herr Patsch. „Aufwachen! Die hundert Jahre sind um... Wie bitte? In Ihrem Buch steht das anders? Verehrtes Dornröschen, auch Prinzen gehen mit der Zeit. Heutzutage machen wir alles fernmündlich, das ist eben der Fortschritt." Er schwieg eine Weile ins Telefon.

Gila hielt sich die Hand vor den Mund und wakkelte hin und her.

„Tja", sagte Herr Patsch, „wenn es geklingelt hat, werden sie wohl aufmachen müssen. Ihr Freund kommt? Dann können Sie die Geschichte gleich mit ihm weiterspielen. Ein Glück, daß ich Sie rechtzeitig aufgeweckt habe."

Max hörte „Dornröschen" und fing gleich an zu singen: „Dornröschen war ein schönes Kind." Das hatte er im Kindergarten gelernt. Nur war das Lied bei ihm sehr kurz, weil er die Strophen zusammenzog und sang:

„Da kam die böse Fee herein
und sprach zu ihr:
Dornröschen wache wieder auf,
wieder auf,
wieder auf..."

„Falsch!" rief Fanny dazwischen. „Dornröschen du sollst sterben, sprach die böse Fee, und wieder auf sagt der Prinz, und dann küßt er sie."
Max schüttelte heftig den Kopf. „So ein Blödsinn. Bei uns im Kindergarten küssen wir nicht."
Nun gingen Opa Kisutzki und Fanny in die Telefonzelle.
„Oh, Verzeihung", sagte Opa Kisutzki. „Ich muß mich verwählt haben."
„Was ist denn?" fragten die Zuhörer.
„Das war die Polizei", erklärte Fanny. „Ich hab' die Polizei gewählt." Sie wählte wieder. Diesmal erwischte sie das Tierschutzhaus – und beim dritten Mal eine Kinderklinik.
„Das gibt es nicht", sagte Herr Kisutzki. „Solche Zufälle gibt es nicht."
„Doch", bestätigte Fanny. „Ich bin halt eine gute Wählerin."
„Eine zu gute", sagte Opa Kisutzki. „Jetzt weiß ich nicht mehr, was ich sagen wollte." Er fuhr sich durch die Haare. „Einfach weg." Er sah ziemlich unglücklich aus. „Vor ein paar Jahren wäre mir das nicht passiert."
„Papa", sagte seine Schwiegertochter, „dein Gedächtnis ist immer noch das beste in der Familie."
Gila flüsterte mit den anderen Kindern, dann trat sie zur Gruppe Zwei. „Also wir finden, daß das sowieso ein prima Telefonstreich war. Ihr bekommt jeder siebzig Punkte."

Die Erwachsenen bedankten sich. Opa Kisutzki war zwar erleichtert, aber man sah ihm an, daß er sich immer noch kränkte.

Gila tröstete ihn: „Nach Polizei und Tierschutzhaus und Klinik hätte ich mich auch nicht mehr getraut."

Herr Wiesner fragte ungeduldig: „Und was kommt jetzt?"

„Du kannst wohl gar nicht genug kriegen", murrte seine Frau. „Richtig kindisch wirst du."

„Kindlich, meine Liebe", sagte Herr Wiesner. „Kindlich."

Nach einer kurzen Beratung schlug Cornelius vor, jetzt sollten sich alle im Kreis um die Buche setzen.

„Auf den Boden?" fragte Oma Pospischil.

„Ja."

„So leid es mir tut, das geht nicht. Da komm' ich nicht mehr hoch."

Oma Kisutzki nickte, und auch Frau Wiesner und Frau Kolberg meinten, das würden ihre alten Knochen sehr übel nehmen. Cornelius dachte nach, dann fiel ihm ein, daß es am Rand der großen Wiese Tische und Stühle gab. Sie stellten die Stühle in einem lockeren Kreis auf, dazwischen hockten die Kinder und einige Erwachsene im Gras.

„Und jetzt?" fragte Herr Patsch.

„Jetzt tun wir gar nichts", erklärte Cornelius.

„Gar nichts?"

„Gar nichts."

„Das geht doch nicht", sagte Frau Kolberg. „Irgendwas tut man immer. Sitzen, atmen, schauen..."

Cornelius nickte. „Genau. Mehr sollt ihr nicht. Einfach ins Narrenkastel schauen."

„Also dabei lerne ich sicher nichts", murrte Herr

Wiesner. „Ich hab' mich schon so auf einen neuen Spaß gefreut."

„Sind ja nur zehn Minuten", meinte Theres beschwichtigend.

Dann saßen sie also und taten nichts. Nur Cornelius hatte einen Block in der Hand und machte gelegentlich einen Strich neben einen Namen.

Spaziergänger blieben stehen und schauten ihnen beim Nichtstun zu. Einige machten Bemerkungen: „Was machen die denn da?" „Ist das eine neue Sekte?" „Und so viele Kinder dabei. Das gehört doch verboten."

Ein Entenpaar flog flügelknatternd über die Wiese.

Auf dem Spielplatz schrie ein Kind.

In der Ferne klingelte eine Straßenbahn.

„Die Zeit ist um", sagte Cornelius.

Herr Krutzmann stand auf, streckte sich, ging in die Hocke, streckte sich wieder, schüttelte die Beine aus. „Ich bin völlig steif!"

„Mein Gott, war das anstrengend", sagte Frau Manolfo. „Ich hätte nie gedacht, daß Nichtstun so anstrengend sein könnte."

Herr Stromeier schimpfte, daß Herr Kolberg ihm ständig beim Nichtstun zugeguckt und ihn dadurch sehr gestört habe.

„Das war genau umgekehrt!" verteidigte sich Herr Kolberg.

Frau Kisutzki klagte, immer, wenn sie in ein Narrenkastel schauen wollte, sei dieses schon besetzt gewesen.

Herr Pospischil hatte ein eingeschlafenes Bein, Frau Krutzmann einen eingeschlafenen Arm.

Cornelius zückte seine Liste. „Diese Arbeit ist leider ganz schlecht ausgefallen", sagte er mit der

Stimme seines Geographielehrers, was Anna zum Kichern brachte. „Ich fürchte, wir werden die Arbeit wiederholen müssen."

„O nein", stöhnten alle Erwachsenen. „Alles, nur das nicht!"

Cornelius fuhr fort: „Sieben Erwachsene haben insgesamt 31 mal, ich wiederhole, 31 mal, auf die Uhr geschaut."

Sein Vater blickte zu Boden. Er war fast sicher, daß fünf oder noch mehr auf seine Kappe gingen.

„Außerdem haben die meisten Erwachsenen voneinander abzugucken versucht. Und mindestens vier habe ich beim Denken erwischt. Einen sogar beim Rechnen. Ich muß sagen, ich bin enttäuscht von dieser Klasse."

Anna gluckste und schniefte vor unterdrücktem Lachen.

Die Erwachsenen baten sehr ernst, ihnen doch leichtere Aufgaben zu stellen, fürs Nichtstun seien sie wirklich noch nicht fortgeschritten genug. Die Kinder berieten sich.

„Gut", sagte Cornelius dann zu den Erwachsenen, die betreten dasaßen, „wir machen jetzt etwas ganz Einfaches und verschieben die nächste Nichtstunstunde in den Fortgeschrittenenkurs." Er zog Max in die Mitte. „Hier ist euer Lehrer, wir bleiben gleich im Park."

„Mir nach!" schrie Max und sauste los.

An der großen Sandkiste blieb er stehen. „Jetzt ist Matschstunde. Für Matsch braucht man Wasser. Das müßt ihr von dort drüben holen. Vom Hütanten."

„Hydranten", verbesserte Florian.

„Ja, von dem." Max packte einen roten Eimer, der am Sandkistenrand stand, füllte ihn mit Wasser und schüttete es in den Sand. Dabei spritzte er ein kleines Mädchen an, das quiekte zuerst und verlangte dann „Mehr Wasser!" Freundlich und hilfsbereit schleppte Max zwei neue Eimer heran, da kam eine Frau, hob die triefende Kleine aus der Sandkiste und schimpfte wüst. Die Bewohner der Helmut-Domenego-Gasse 60 standen herum, als hätten sie Max nie zuvor gesehen. Der schüttelte sich ein bißchen und begann, ein Loch im Sand zu buddeln. Die Frau trug das brüllende, zappelnde kleine Mädchen zu einem Sportwagen und stapfte davon.

„Tja", sagte Herr Kisutzki.

Frau Manolfo zog an ihren Fingern, daß die Knöchel knackten.

Herr Pospischil runzelte die Stirn.

Herr Patsch rückte seine Brille zurecht.

„Also es tut mir furchtbar leid", sagte Herr Stromeier, „aber ich trau' mich ganz einfach nicht, hier Matsch zu spielen, wenn so viele Mütter zusehen."

Ringsum nickten die Erwachsenen. Herr Krutzmann murmelte: „Genau so geht es mir. Ich weiß bloß nicht, ob ich mich getraut hätte zu sagen, daß ich mich nicht traue."

Cornelius klatschte in die Hände. „Eben erst habt ihr gesagt, ihr würdet alles tun, nur nicht Nichtstun."

„Alles nur nicht Nichtstun und Matschspielen vor lauter Müttern", sagte Herr Patsch.

„Meinetwegen nach acht Uhr", lenkte Herr Krutzmann ein.

„So lange dürft ihr nicht aufbleiben", sagte Max.

Die Kinder fanden es ziemlich komisch, daß ihre Väter und Mütter vor Müttern Angst hatten. Die Erwachsenen zuckten mit den Schultern und meinten, die Kinder hätten eben auch noch einiges zu lernen. Eine gedrückte Stimmung lag über der Gruppe. Opa Pospischil gähnte. Felix und Oliver begannen zu rangeln.

„Ich weiß was!" rief Benny. „Wir haben jetzt Blätterhaufendurchrascheln. Das kann jeder. Und Pfützenspritzen. Ich bin der Lehrer."

Dieser Vorschlag scheiterte daran, daß weit und breit kein Blätterhaufen zum Durchrascheln und keine Pfütze zum Spritzen zu finden war.

Lisa fing an zu weinen. Herr Pospischil stellte fest, daß seine Tochter außerordentlich nasse Windeln hatte.

„Wir müssen heim", entschuldigte er sich.

Alle Bewohner der Helmut-Domenego-Gasse 60 schlossen sich an. Es war keine fröhliche Prozession. Nur Hadubrand rannte vergnügt hin und her, schnüffelte, hob das Bein an jedem Eckstein und stupste einmal den einen, einmal den anderen mit seiner feuchten Schnauze.

VI. Kapitel,
in dem viele Fragen ohne Antwort bleiben und einigen Hausbewohnern sehr schwindlig wird

"Tatsache ist, daß die Großen sich schwertun, wenn jemand zuschaut", sagte Oliver zu Patrick.

"Sogar dann, wenn der, der zuschaut, gar nicht richtig zuschaut. Schon komisch, nicht?"

Herr Kolberg, der hinter ihnen ging, stimmte ihnen zu.

"Warum eigentlich?" fragte Patrick.

Herr Kolberg rieb sich die Nase, bis sie ziemlich rot war. "Es muß damit zusammenhängen, daß wir alle schreckliche Angst haben, uns lächerlich zu machen. Dabei sind die meisten Leute so mit sich selbst beschäftigt, daß sie einen gar nicht bemerken."

"Das hat letztlich auch alles mit unserer Leistungsgesellschaft zu tun", sagte Herr Patsch. Er legte seinem Sohn den Arm um die Schulter. "Aber das ist ein bißchen zu hoch für dich, was?"

"Gar nicht!" protestierte Oliver. "Wenn ich ein Tor geschossen hab', dann will ich, daß alle zuschauen, aber wenn ich einen Ball durchgelassen hab', dann soll keiner zuschauen. Oder?"

Herr Kolberg rieb wieder an seiner Nase. "Es ist nur leider alles noch komplizierter, fürchte ich."

"Für Erwachsene", wandte Herr Patsch ein. "Aber heute ist doch Kindertag."

"Kindsein ist auch kompliziert", sagte Oliver.

Sie waren zu Hause angekommen. Frau Pospischil ging sofort mit der weinenden Lisa hinauf in ihre Wohnung und wickelte sie. Als sie mit ihr zurück in den Hof kam, war Lisa wieder ganz vergnügt. Sie lag gurgelnd in ihrem Wagen, dann packte sie ihren linken Fuß und lutschte schmatzend an ihrem großen Zeh.

Anna lief in die Waschküche und holte eine Schachtel. Alle mußten die Augen schließen und in die Schachtel greifen, in der für jeden ein Gummischnuller lag.

„Augen auf! Jetzt lutschen wir uns erst einmal ein. Dann geht's euch gleich besser."

Frau Wiesner betrachtete ihren lila-orange gestreiften Schnuller voll Mißtrauen. Aber weil alle Erwachsenen gehorsam zu lutschen anfingen, tat sie es auch.

„Die trauen sich nicht, noch einmal nein zu sagen", flüsterte Theres Benny zu.

„Hätte ich mir ärger vorgestellt", murmelte Frau Wiesner.

Langsam entknitterten sich die Gesichter. Die Kinder stellten fest, daß es wirklich komisch aussah – so viele nuckelnde Erwachsene. Jeder fand seine eigenen Eltern am komischsten. Oma Pospischil sagte zu ihrem Sohn, sie habe ihm nie einen Schnuller gegeben, als er ein Baby war, aber jetzt fände sie ihn sehr herzig mit Schnuller und Bart.

„Herzig!" knurrte er und grinste schief.

„So", sagte Anna. „Jetzt kommt der schwierigere Teil. Lisa ist die Lehrerin."

„Lisa?" fragten alle erstaunt.

„Ja. Stufe eins haben alle sehr gut geschafft, jetzt wollen wir es Lisa nachmachen. Los! Zehenlutschen!"

„Das kann ich nicht, nicht in hundert Jahren", sagte Herr Patsch. „Da ist mein Bauch im Weg."

„Probieren!" riefen die Kinder.

„Ich weiß", brummelte Frau Kolberg. „Probieren geht über Studieren, und Morgenstund hat Gold im Mund, und Lügen haben kurze Beine, und Schuster bleib bei deinem Leisten."

Opa Pospischil erklärte bedauernd, daß ihm sein Rheumatismus solche Verrenkungen leider wirklich nicht erlaube, sonst hätte er es ihnen schon gezeigt, denn er sei seinerzeit immer der Beste im Turnen gewesen, der reine Schlangenmensch, habe sein Lehrer oft gesagt, aber jetzt sei er steif wie ein Bügelbrett.

„Wer Rheumatismus hat, der darf Daumenlutschen statt Zehenlutschen", sagten die Kinder.

Cornelius wunderte sich am meisten, als Herr Krutzmann seine Socken auszog, sich auf das Mäuerchen setzte und eifrig versuchte, den linken Großzeh an den Mund zu führen.

Plötzlich entwickelten die meisten Erwachsenen einen ungeahnten Ehrgeiz. Sie saßen auf dem Boden und plagten sich. Frau Pospischil rannte hinauf, um sich umzuziehen, weil ihr enger Rock sehr hinderlich war.

Aber auch in ihren bequemsten Jeans gelang es ihr ebenso wenig wie den anderen Erwachsenen, einen Fuß bis an den Mund zu bringen. Sie drückte und zog, sie beugte sich vor, so weit sie konnte, sie stand auf und schaute Lisa zu, die eben vom linken zum rechten Fuß wechselte.

Herr Krutzmann ließ sich auf den Rücken abrollen und versuchte es im Liegen. Frau Manolfo stöhnte: „Nur eine Handbreit noch." Herr Kolberg setzte sich im Türkensitz hin und sagte: „Erst einmal locker werden, ganz locker." Er fixierte einen Punkt hinter der Hausmauer und atmete tief. Barbara Kisutzki stand mit gegrätschten Beinen und ließ den Oberkörper pendeln. Ihre langen Haare flogen. Dann ging sie in die Knie, federte einige Male auf und ab, ließ sich zurückfallen, bog das linke Bein ein, senkte den Kopf, tiefer, noch tiefer, hatte den Zeh im Mund und fing an zu lutschen.

Florian streckte die Brust heraus, und als alle zu klatschen begannen, rief er: „Bravo, Mama! Bravo!" Er platzte fast vor Stolz.

Seiner Mutter war der wilde Beifall eher peinlich, besonders, als Max sie ansprang und umwarf und in allen Tonlagen schrie: „Meine Mama ist die beste Zehenlutscherin, meine Mama ist die beste, meine Mama hat gewonnen!"

Dann zog er auch noch Fanny an den Zöpfen und behauptete, ihre Mama würde es nie, nie, nie schaffen, worauf Fanny brüllte: „Dafür kann meine Mama auf dem Kopf stehen, und das kann deine blöde Mama nicht!"

Die beiden Mütter sahen einander an und zuckten mit den Schultern.

„Das darf man alles nicht so ernst nehmen", sagte Oma Kisutzki. „Die Kinder meinen es nicht so."

„Doch!" schrien Max und Fanny gleichzeitig.

In diesem Augenblick gelang es Herrn Krutzmann, seinen rechten Fuß an den Mund zu bringen.

Alle gratulierten ihm, Herr Patsch meinte, er hätte die Ehre der Väter gerettet, und Felix sagte begeistert: „Das hätten Ihre Kollegen sehen müssen. Da wären Sie gleich Präsident geworden. Die anderen können das garantiert nicht."

„Gott behüte", sagte Herr Krutzmann aus tiefster Brust. Er stand auf und putzte sich die Hose ab.

Frau Patsch massierte ihr rechtes Bein und erklärte, sie würde morgen mit Sicherheit einen furchtbaren Muskelkater haben.

„Wenn das so weitergeht, werden wir alle daheim bleiben müssen", sagte Herr Pospischil. „Ich sehe schon das Gesicht unseres Abteilungsleiters, wenn ich anrufe und sage, ich habe mich leider beim Zehenlutschen verknotet und kann nicht in den Dienst kommen."

„Wir schreiben euch Entschuldigungen!" riefen die Kinder.

Die Eltern bedauerten, dieses freundliche Angebot ausschlagen zu müssen. Nur Opa Kisutzki hatte Interesse, aber Florian sagte: „Du bist ja schon in Pension. Da brauchst du keine."

Herr Kolberg meinte, die Erwachsenen müßten schon deshalb zu Hause bleiben, weil sie das Zehenlutschen üben müßten.

„Ihr habt schon viel zu üben", grinste Angelika. „Jeden Tag eine halbe Stunde Bubblegum-Bubble-Blasen und eine halbe Stunde Zehenlutschen..."

„Immer, während du Klavier übst", sagte Frau Kolberg freundlich lächelnd.

Anglika war empört. „Das ist unfair, Oma. Echt. Zehn Punkte Abzug. Hast du überhaupt zehn Punkte?"

Theres hüpfte schon seit einiger Zeit von einem Fuß auf den anderen.

„Mußt du aufs Klo?" fragte Frau Pospischil.

„Fanny hat recht", sagte Theres.

„Was soll das heißen?"

„Daß Mütter immer nur ans Klo denken."

Die Mütter von Fanny und Theres seufzten zweistimmig.

„Warum fragst du mich nicht, was ich wirklich hab'?" Theres klang sehr vorwurfsvoll.

„Gut, Tochter, ich frage dich. Was hast du wirklich?"

„Ich will endlich auch drankommen. Weil ich doch auch ein Lehrer bin."

„Was unterrichtest du denn?" erkundigte sich Frau Pospischil.

„Das würdest du gern wissen, was? Du bist neugierig, gelt?"

Ihre Mutter gab zu, sehr neugierig zu sein. Theres kicherte in sich hinein und wollte elegant auf die Teppichklopfstange springen. Das gelang nicht ganz, also machte sie einen Purzelbaum, setzte sich dann und klatschte in die Hände.

„Meine Mutter will unbedingt wissen, was jetzt kommt!" rief sie.

„Ich auch", sagte Herr Wiesner.

„Also wir üben jetzt in die Sonne schauen."

Die Sonne stand schräg über dem Kastanienbaum. Theres hängte sich mit dem Kopf nach unten an die Teppichklopfstange. „So macht man das. Und weil nicht alle auf der Stange Platz haben, geht's auch so." Sie sprang auf den Boden, stellte sich breitbeinig mit dem Rücken zur Sonne und ließ den Kopf zwischen den Beinen baumeln.

„Habt ihr alle verstanden?"

Theres sah einen nach dem anderen streng an, und alle nickten. Frau Kisutzki und Frau Krutzmann waren die einzigen, die sich an die Teppichklopfstange hängen wollten.

„Die anderen Erwachsenen hält sie sowieso nicht aus", sagte Herr Patsch und klopfte auf seinen Bauch.

Theres zählte bis zehn. Dann mußten alle einatmen, die Augen schließen und die Köpfe fallen lassen. Bei fünfzehn sollten sie die Augen öffnen und ohne zu blinzeln in die Sonne schauen. Sprechen war natürlich streng verboten.

Nach wenigen Minuten sagte Frau Wiesner kleinlaut: "Verzeihung, kann mir bitte jemand aufhelfen? Mir dreht sich alles, ich bin völlig schwindlig."

"Ich auch", sagten Oma und Opa Pospischil gleichzeitig. Frau Manolfo und Frau Kisutzki ließen sich ins stachelige Gras fallen, die anderen richteten sich auf. "Ich auch", kam es von allen Seiten wie ein Echo.

Theres stampfte auf. "Aber man muß doch schwindlig werden. Ohne schwindlig werden geht es nicht!"

"Aha", sagten die Großen.

"Habt ihr jetzt endlich verstanden?" fragte Theres.

"Nicht ganz", sagten die Erwachsenen. "Wir müssen schwindlig werden – und dann?"

Theres schlug sich an die Stirn über so viel Begriffsstutzigkeit. "Dann sieht man ganz viele Farben, und alles dreht sich, und der Papa zum Beispiel hat drei Köpfe oder fünf, und er steht auf allen seinen Köpfen."

Herr Patsch meinte, das sei zu gefährlich für Autofahrer.

"Und für U-Bahnführerinnen", fügte Frau Manolfo hinzu.

Herr Pospischil meinte, Erwachsene würden nur Kopfschmerzen bekommen und keine bunten Farben sehen.

Anna zeigte auf die Teppichklopfstange, wo Frau Krutzmann und Frau Kisutzki einträchtig nebeneinander hingen. Jetzt rollten beide fast gleichzeitig ab, kamen auf die Füße, setzten sich auf den Boden und schlossen die Augen.

Cornelius und Florian wechselten besorgte Blicke, Max lief zu seiner Mutter und umarmte sie, dabei warf er sie fast um.

„Schön war das", sagte Frau Kisutzki.

Hadubrand schnupperte an Frau Krutzmanns Händen. Sie erzählte, wie sie als Kind über die große Wiese am Roten Berg gerollt war und dann in einer Kuhle gewartet hatte, bis die kreisende Welt langsam zum Stillstand kam.

„Na eben", sagte Theres.

Frau Kolberg fiel ein, daß Tellerreiben dieselbe Wirkung hat. Sie faßte Oma Pospischil an beiden Händen und drehte sich mit ihr im Kreis, immer schneller und schneller.

Hadubrand begann wild zu bellen. Herr Wiesner packte ihn am Halsband und hielt ihn fest. Er wehrte sich und bellte noch lauter.

Die beiden Großmütter blieben stehen. „Wir sind sowieso schon schwindlig genug", sagte Frau Kolberg.

„Müller-Müller-Sackerl wär' auch eine Möglichkeit", meinte Herr Patsch. „Aber mit mir schafft das keiner." Er sah richtig traurig aus.

Da packten die versammelten Väter Herrn Patsch an seinen beiden Armen und Beinen und schwenkten ihn hin und her. Alle Kinder und alle Erwachsenen sangen dazu:

> Müller-Müller-Sackerl
> ist der Müller nicht zu Haus
> Schloß vor, Riegel vor
> wirf das Sackerl hinters Tor!

Sie ließen Herrn Patsch vor den Stuhl fallen, auf dem Frau Wiesner saß. Als nächste kam Frau Stromeier dran, dann der Reihe nach alle Erwachsenen und alle Kinder, während Frau Wiesner Hadubrand auf dem Schoß hielt. Sein Bellen klang schon sehr heiser.

Opa Pospischil strahlte. „Daß ich das noch erlebe, das hätte ich nicht gedacht. Ich war immer schrecklich eifersüchtig auf meinen kleinen Bruder, weil mein Vater ihn mit Müller-Sackerl ins Bett brachte. Aber ich war ja schon vierzehn, als der Vater aus dem Krieg heimkam, und da war ich erstens zu groß und zweitens hätte ich mich geschämt zuzugeben, daß ich das auch wollte."

Max fragte: „Und jetzt bist du nicht mehr zu groß?"

„Nein, jetzt bin ich nicht mehr zu groß."

„Und du schämst dich nicht mehr?"

„Heute nicht", sagte Opa Pospischil. „Und darauf bin ich stolz, und dafür bin ich euch sehr dankbar, meine Herren und Damen Kinder."

Alle Großen klatschten den Kindern zu, die Kindern klatschten den Großen zu und sich selbst auch, und Hadubrand hüpfte von Frau Wiesners Schoß und sprang einen nach dem anderen an, und Fanny kreischte, als er ihre Hand abschleckte.

„Die Frau Wiesner war noch nicht dran!" sagte Max.

„Neinneinnein", stotterte Frau Wiesner, „also wirklich ... nein."

Aber da packten Herr Krutzmann und Herr Kisutzki ihre Arme und Herr Patsch und Herr Kolberg ihre Beine und wiegten sie ganz vorsichtig hin und her und stellten sie dann sehr behutsam auf die Füße, und Frau Wiesner war überhaupt nicht wütend. Sie lächelte sogar ein bißchen.

„Zwick mich", flüsterte Felix Gila zu.

„Warum?"

„Weil ich es einfach nicht glauben kann."

„Ich auch nicht." Gila zwickte so fest, daß Felix aufjaulte und sofort zurückzwicken mußte. Dann lachten beide.

Fanny fragte Frau Wiesner. „Warum wolltest du nicht Müller-Sackerl machen?"

„Weil ich zu alt bin. So etwas schickt sich nicht für alte Damen."

„Warum bist du alt?"

„Weil ich schon lange auf der Welt bin."

„Warum bist du schon lange auf der Welt?"

„Weil ... also das ist einfach so."

Fanny sagte streng: „Nix ist einfach so. Du mußt nachdenken, bis du es weißt."

Frau Wiesner sah in die Ferne. „Manchmal hilft Nachdenken überhaupt nicht."

„Doch, du mußt nur lange genug fragen."

Anna klatschte in die Hände. „Wir beginnen mit der nächsten Unterrichtseinheit: Löcher in den Bauch fragen. Fanny ist die Lehrerin."

Fannys Eltern nickten. „Da habt ihr jedenfalls die Richtige ausgesucht."

Die Pospischils meinten, Benny und Theres wären in dieser Hinsicht auch sehr begabt. Frau Manolfo fand dasselbe von Gila, Herr Kolberg und seine Mutter waren überzeugt, daß Felix nicht zu übertreffen war, die Eltern Patsch hielten ihren Oliver für den regierenden Weltmeister im Fragen, Kisutzkis beanspruchten den Titel für Max und erklärten Florian zum zweitlästigsten Frager aller Gewichtsklassen.

„Cornelius hat seine beste Zeit leider schon hinter sich", sagte Frau Krutzmann.

„Wieso leider?" fragte Herr Pospischil.

„Wenn es vorbei ist, merkt man erst, wie schön das war", sagte Frau Krutzmann. Herr Kolberg nickte. So sei es ihm mit Angelika auch gegangen.

Fanny wurde ungeduldig. „Fangt doch endlich an!" rief sie.

„Was sollen wir tun?" fragten alle.

„Fragen!"

„Was?"

„Na fragen eben!"

Wieder einmal schickten die Erwachsenen hilfesuchende Blicke in die Runde. Es wurde still im Hof, nur Lisa gurgelte vor sich hin, und Hadubrand buddelte wild in einer Ecke. Sand und Steinchen spritzten herum, ab und zu hörte man ein Japsen.

Irgendwo im Haus klingelte ein Telephon. Herr Kolberg sprang auf. „Das ist unseres, ich kenne das Läuten." Er rannte hinauf in den ersten Stock.

Herr Kisutzki räusperte sich.

Frau Pospischil ließ ihre Fingerknöchel knacken.

Herr Krutzmann stieß die Luft durch die Nase aus.

Herr Patsch fuhr sich durch die Haare.

Frau Wiesner hob Hadubrand wieder auf ihren Schoß, der wollte nicht und knurrte.

Frau Kolberg blickte auf ihre Uhr, schüttelte den Kopf, hob die Uhr an ihr rechtes Ohr, zuckte mit den Schultern.

Als das Schweigen schon fast unerträglich war, gab sich Opa Pospischil einen Ruck. „Das ist ja nicht auszuhalten." Er wandte sich an Fanny. „Hochverehrtes Fräulein Lehrerin..."

„Ich bin kein hochverehrtes Fräulein!"

„Oh, ich bitte um Entschuldigung, Frau Lehrerin! Also was ich sagen wollte: wir sind halt leider nicht gut im Fragen, wir sind sogar sehr schlecht in dem Fach. Wahrscheinlich haben wir es verlernt."

„Was heißt verlernt?"

„Das ist ... wenn man etwas gekonnt hat und jetzt nicht mehr kann ..."

„Warum?" fragte Fanny. „Warum kann man es nicht mehr?"

„Zum Beispiel, weil man sich nicht traut oder weil man zu oft erlebt hat, daß Fragen ja doch keinen Sinn hat, weil man sowieso nichts erreicht..."

„Versteh' ich nicht", sagte Fanny. „Ihr seid doch groß. Ihr könnt tun, was ihr wollt!"

„Das hab' ich auch einmal geglaubt, aber es war dann eine herbe Enttäuschung, als ich endlich groß war. Großsein hilft nämlich nicht – leider. Man hat uns zu oft gesagt: Frag nicht so dumm, oder: Das verstehst du nicht, dafür bist du noch zu klein. Dann haben wir halt gewartet..." Er redete eigentlich nicht mehr mit Fanny, sondern mit sich selbst oder vielleicht mit den anderen Erwachsenen – so genau war das nicht festzustellen. „Wenn man nie eine Antwort bekommt, eine richtige meine ich, dann gewöhnt man sich das Fragen ab."

„Wenn ich groß bin", sagte Fanny, „dann werde ich fragen und fragen und fragen und überhaupt nicht mehr aufhören."

„Hoffentlich", sagte Opa Pospischil.

Fanny nahm ihn an der Hand. „Es ist doch nicht schwer! Du mußt nur immer weiter ‚Warum?' fragen, bis du's verstehst. Jetzt üben wir. Also, alle mitsprechen: Wa–rum?"

„Warum? Warum? Warum?" Immer schneller kam es von allen Seiten. „Warumwarumwarumwarum?"

Fanny lachte. „Seht ihr. Ist doch ganz leicht. Ihr müßt nur üben, jeden Abend."

„Vor oder nach dem Zähneputzen?" fragte Frau Kolberg.

„Ich fürchte eher: anstatt", sagte Fannys Mutter und wurde mit einem bösen Blick bestraft.

Frau Wiesner griff sich an die Stirn. „Da hat es doch einen Vers gegeben, irgendwas mit Lirumlarum-Löffelstiel, kleine Kinder fragen viel."

Keiner wußte mehr genau, wie der Spruch ging, aber alle waren erleichtert und blödelten herum, und jemand kam auf die Idee, ein Warum-Lied zu singen. Sie probierten es mit allen Melodien, die ihnen einfielen, zuletzt sogar als Kanon. Herr Wiesner gab den Einsatz, trotzdem ging immer wieder etwas schief, irgend jemand sang falsch, irgend jemand sang zu laut oder zu leise, und Herr Wiesner wurde wütend und schrie, das sei das unmusikalischste Haus auf der ganzen Welt, für einen musikalischen Menschen sei es eine Zumutung, in der Helmut-Domenego-Gasse 60 wohnen zu müssen.

Opa Pospischil versuchte ihn zu beruhigen, aber das brachte ihn nur noch mehr auf. „Schweinsohren", brummte er. „Alle haben Schweinsohren."

„Nutsch-nutsch", sagte Max. „Nutsch-nutsch."

Herr Wiesner betrachtete ihn grimmig, aber da mischte sich zur allgemeinen Überraschung Frau Wiesner ein. „Eduard", sagte sie, „keiner hat absichtlich falsch gesungen. Der eine hat's, der andere nicht. Das ist nun einmal so."

„Warum?" fragte Fanny.

Alle stöhnten. Frau Stromeier erklärte ihrer Tochter, manche Menschen hätten blaue Augen und manche braune, und manche könnten gut singen, und manche könnten nicht so gut singen, aber dafür vielleicht besser malen.

Fanny krauste die Stirn, aber bevor sie eine neue Frage stellen konnte, erkundigte sich ihr Vater, ob es auch eine Murmelstunde gebe, schließlich wären Murmeln in den Schultüten gewesen, und er hätte richtig Lust auf ein Murmelspiel.

Alle holten die Murmeln aus ihren Tüten. Diesmal gab es keinen Lehrer, es wurde einfach gespielt, zuerst Kreisspringen, dann Abschuß, dann Eckball.

Max gewann vierzehn Murmeln und ließ voll Stolz seine Hosenträger schnalzen.

„Du schummelst!" behauptete Florian. „Du bist viel zu nah rangegangen, zwei Schritte über den Strich."

„Gar nicht wahr!"

„Doch!"

„Florian!" mahnte seine Mutter.

„Gar nix Florian!" pfauchte der.

„Oh", sagte sein Vater, „wo ist denn dann der Florian?"

Florian schrie: „Ihr seid blöd! Immer soll ich verlieren, damit der blöde Max gewinnt. Beim Mensch-ärgere-dich-Nicht habt ihr auch für ihn geschwindelt."

Seine Eltern senkten betreten die Köpfe.

„Wie kannst du so mit deiner Mutter reden?" fragte seine Oma.

„Geht dich nichts an!" brüllte Florian.

„Max ist doch noch klein", sagte Frau Kisutzki lahm.

„Überhaupt nicht klein!" schrie Max. „Ich hab' gewonnen!"

„Du liebe Güte", sagte Oma Pospischil.

Florian grabschte eine Handvoll Murmeln. Max schrie wie am Spieß.

„Gib sie sofort zurück!" befahl Herr Kisutzki.

Florian kletterte auf den Mülleimer und hielt die Murmeln hoch in die Luft.

„Friede!" brüllte Theres. „Friede!" Sie wedelte mit den Armen.

Florian funkelte sie an, sie starrte zurück, es sah aus, als wollte sie versuchen, aus dem Stand auf den Mülleimer zu springen. Plötzlich entspannten sich beide, Florian hüpfte herunter, grinste, sagte „Hand auf!" und leerte seinem Bruder die Murmeln in die offenen Hände.

Die Erwachsenen schauten nachdenklich drein.

Herr Stromeier kratzte sich am Ohr. „Da gab es noch ein Murmelspiel, das hat uns als Buben den meisten Spaß gemacht. Schatzkammer hieß es. Wollen wir das ausprobieren?

„Kann ich dabei meine Murmeln verlieren?" fragte Max.

„Bei jedem Spiel kannst du verlieren", sagte sein Vater.

Alle waren dafür, Schatzkammer zu spielen.

Nur Max war dagegen.

„Du mußt ja nicht mitmachen", sagten die anderen. „Kannst ja zusehen."

„Will ich nicht!"

„Dann tu was anderes."

„Immer tun alle, was sie wollen, nie das, was ich will!" greinte Max. „Nur weil ich der Kleinste bin."

„Nein, mein Sohn", sagte Herr Kisutzki, „weil alle mehr sind als einer. Wenn alle dafür sind und nur einer dagegen, dann ist das eben Pech für den einen – egal, ob er klein ist oder groß."

Herr Kolberg kam pfeifend in den Hof zurück. Er nickte seiner Mutter zu. „Eine Kollegin hat angerufen. An ihrer Schule wird eine Stelle frei. Wenn ich die kriegen könnte..."

Inzwischen hatte Herr Stromeier mit einem abgebrochenen Ziegelstück einen Kreis auf das Hofpflaster gezeichnet, das war die Schatzkammer, und einen größeren Kreis als Vorhof ringsherum. Jeder Spieler legte eine Murmel in die Schatzkammer. Nach langem Zögern entschied sich Max, doch mitzuspielen, und opferte seufzend eine einfärbig blaue Murmel.

Herr Stromeier schnippte seine größte buntgeäderte Murmel in die Schatzkammer. Sie prallte gegen die anderen, drei Murmeln rollten aus der Schatzkammer, drehten sich langsam und kollerten wieder hinein. Die große bunte Murmel rollte weiter und blieb knapp außerhalb des Vorhofs liegen.

„Wenigstens etwas", brummte Herr Stromeier, „sonst hätte ich mein bestes Stück verloren."

Das Spiel war ziemlich kompliziert, aber es machte tatsächlich Spaß.

„Jetzt bin ich dran!" rief Max. „Ich bin der beste Murmelspieler!" Er verwarf eine Murmel nach der anderen. Als auch seine letzte im Vorhof liegenblieb, heulte er so laut und durchdringend, daß sich alle die Ohren zuhielten.

Oma Pospischil, die noch nie in ihrem Leben Murmeln gespielt hatte, landete einen Volltreffer und räumte die Schatzkammer aus. Alle gratulierten ihr, nur Max schrie: „Blödes Mistspiel!"

Oma Pospischil war es sehr unangenehm, daß sie gewonnen hatte. „Hör einmal, Max, ich schenke dir meine Murmeln, aber du mußt aufhören zu schreien."

Max brüllte noch lauter: „Ich will keine geschenkt! Ich will gewinnen!"

Dann fing er an, wie eine Sirene zu heulen.

Sein Vater verlor die Nerven. Er packte Max und schüttelte ihn. „Wenn du nicht sofort aufhörst..."

Niemand hätte es für möglich gehalten, daß Max noch lauter heulen könnte. Aber er schaffte es. Fanny schob sich in seine Nähe und sah ihm voll Anerkennung beim Schreien zu.

VII. Kapitel,
in dem viel ungebetener Besuch kommt

Sämtliche Türklingeln im Haus läuteten gleichzeitig. Max heulte immer noch, Hadubrand kläffte, und Herr Wiesner schrie Opa Kisutzki ins Ohr: „Da hat sich jemand ein Beispiel genommen und macht eine Klingeltour!"

„Wird wohl so sein", brüllte Opa Kisutzki zurück.

Frau Kisutzki hielt sich die Ohren zu. „Max, bitte, hör auf, bevor ich verrückt werde."

Wieder schrillten die Türklingeln, dann wurde ans Haustor geklopft. Es klang, als würde jemand mit einem Prügel dagegenschlagen.

Herr Patsch sprang auf. „Was zum Kuckuck..." Er lief in den Flur und riß das Haustor auf.

Draußen stand ein Mann, der sehr grimmig aussah.

„Sie wünschen?" fragte Herr Patsch.

Fast alle Hausbewohner kamen herzu. Die Kinder drängelten sich vor. Als sie den Mann erblickten, versteckten sie sich schnell hinter den Erwachsenen. Sie kannten den Hausmeister von gegenüber.

Herr Patsch kannte ihn nicht. Er wiederholte: „Sie wünschen?"

Der Mann trat einen Schritt vor. Er hatte breite Schultern und riesige Hände.

„Ich komme wegen einer Beschwerde. Die Kinder aus diesem Haus haben bei uns Autoantennen verbogen und überhaupt groben Unfug getrieben."

Herr Krutzmann sagte: „Bevor Sie derartige Anschuldigungen erheben, möchte ich zuerst einmal wissen, wer Sie sind."

Der Mann reckte sein Kinn noch höher und starrte Herrn Krutzmann an. Der starrte zurück.

Jetzt erst fiel allen auf, daß Max aufgehört hatte zu heulen. Es wurde sehr still im Haus.

Der Mann senkte den Blick. „Draxler heiße ich. Ich bin der Hausmeister von Nummer 47. Die Kinder wurden beobachtet, wie sie Stoffetzen an die Autoantennen banden."

„Wer hat sie beobachtet?" Man merkte, daß Herr Krutzmann gewohnt war, solche Fragen zu stellen und Antworten auf seine Fragen zu erhalten.

Der Hausmeister runzelte die Stirn. „Mieter, Autobesitzer, hören Sie, das sind alles anständige Leute. Bei uns wohnen nur anständige Leute!"

„Und wen wollen diese Leute beobachtet haben?"

„Die Kinder hier, besonders den kleinen Rothaarigen da." Er zeigte auf Florian. „Dem sieht man doch an, daß er was ausgefressen hat. Komm einmal her, Bürscherl."

Florian klammerte sich an der Hand seiner Mutter fest. Sie legte den freien Arm um ihn. „Mein Sohn war überhaupt nicht draußen, als das geschah. Er war in der Wohnung. Das können alle hier bezeugen."

Herr Draxler pumpte sich zu seiner vollen Größe auf. „Und woher wollen Sie wissen, wann es geschah? He? Das klingt doch sehr verdächtig."

Herr Krutzmann verlangte eine Gegenüberstellung der angeblichen Zeugen mit dem Beschuldigten.

„Was heißt hier ‚angebliche Zeugen'?"

Florians Unterlippe zitterte. „Die sagen doch immer, ich war's, egal was passiert."

Herr Kisutzki trat neben seinen Sohn. „Hab keine Angst, Flo. Keiner tut dir was."

Der Hausmeister wurde ungeduldig. „Auf jeden Fall ist ein Schaden entstanden, und der Schaden muß wiedergutgemacht werden. Eine sehr teure Autoantenne wurde abgebrochen."

„Moment einmal!" Herr Wiesner war empört. „Moment! Wenn der Autobesitzer seine eigene Antenne verbiegt, dann ist es eine bodenlose Gemeinheit, das den Kindern in die Schuhe zu schieben!"

Herr Draxler pflanzte sich bedrohlich auf. „Sie, Herr ..."

„Wiesner, Eduard, Bundesbahnpensionist."

„Ihnen wird das Lachen noch vergehen! Wissen Sie überhaupt, mit wem sie es zu tun hätten? Mit einer sehr hochgestellten Persönlichkeit!"

Herr Krutzmann wies darauf hin, daß der Hausmeister jeden Beweis für seine Behauptungen schuldig geblieben sei.

Der wurde rot im Gesicht. „Wollen sie mich auf den Arm nehmen?" Seine Augen funkelten schmal. „Nächstens werden Sie sagen, der Herr Kommerzialrat hat seine Autoantenne selbst abgebrochen."

„Genau dieses", bestätigte Herr Wiesner.

Der Hausmeister ballte die Fäuste, furchte die Stirn, atmete hörbar ein und aus. „Also ich gehe, bevor ich mich vergesse. Es war ein Fehler, überhaupt herzukommen. Ich hab' geglaubt, so etwas läßt sich in der Nachbarschaft regeln, unter zivilisierten Menschen. Aber mit Leuten wie Ihnen geht das nicht. Kein Wunder, daß die Kinder in diesem Haus solche Fratzen sind."

„Moment!" sagten mehrere gleichzeitig.

Der Hausmeister wurde immer lauter. „Das weiß sowieso schon der ganze Bezirk. Es wird ihnen noch leid tun ..."

„Soll das eine Drohung sein?" fragte Herr Krutzmann.

Fanny schniefte seit einiger Zeit, jetzt fing sie an zu schluchzen.

„Ich verständige die Polizei!" rief der Hausmeister. „Da wird Ihnen der Hochmut schon vergehen." Er stampfte zum Haustor und ließ es hinter sich ins Schloß fallen.

„Muß ich jetzt ins Gefängnis?" fragte Florian mit zitternder Stimme.

„Also wenn einer ins Gefängnis muß, dann bin das ich", versuchte Herr Wiesner ihn zu beruhigen.

Seine Frau fuhr ihn an. „Laß die dummen Witze, Eduard. Meine Güte, was soll jetzt bloß werden? Mein Leben lang habe ich nie mit der Polizei zu tun gehabt, und jetzt auf meine alten Tage..."

Herr Wiesner legte ihr die Hand auf die Schulter.

„Ich war ja von Anfang an dagegen, das weißt du ganz genau, sag nur nicht, daß ich dich nicht gewarnt hätte..." Sie begann lautlos zu schluchzen. „Ach, ist das schrecklich..."

Herr Wiesner schaute Herrn Krutzmann hilfesuchend an.

„Liebe gnädige Frau...", begann der.

Sie drehte den Kopf weg. „Sparen sie sich Ihre schönen Worte. Wenn mein Eduard ins Gefängnis muß..."

„Muß er nicht, das kann ich Ihnen garantieren! Wir waren alle Zeugen, daß der Autobesitzer seine Antenne selbst verbogen hat. Von abgebrochen ist keine Rede, wenn überhaupt, dann kann das höchstens später geschehen sein. Sollte es also zu einer Anzeige wegen boshafter Sachbeschädigung kommen..."

„Eine Anzeige!"

„Ich meine nur: gesetzt den unwahrscheinlichen Fall, daß es zu einer Anzeige, und den noch unwahrscheinlicheren Fall, daß es zu einer Verurteilung kommen sollte, so würde das nur zu einer Geldstrafe führen."

Frau Krutzmann überlegte laut, ob es denn nicht genüge zu bezeugen, daß die Kinder nichts damit zu tun hätten. Nach den Erwachsenen habe schließlich niemand gefragt.

„Nein", sagte Herr Wiesner. Er fühle sich nicht wohl bei dem Gedanken, die Wahrheit zu verschweigen. „Wenn ich nicht sage, wie es wirklich war, dann kann ich auch nicht wissen, daß der feine Herr seine Antenne höchstselbst verbogen hat. Ich will nicht, daß etwas an den Kindern hängenbleibt – und das tut es bestimmt, wenn die Geschichte nicht eindeutig geklärt ist."

„Es waren ja nicht Sie allein, Herr Wiesner", sagte Frau Patsch. „Ich zum Beispiel war auch dabei."

„Ich auch", sagte Frau Krutzmann.

Herr Patsch machte ein besorgtes Gesicht.

Frau Wiesner fuhr ihren Mann an. „Siehst du, was du angerichtet hast? Du hältst dich wohl für einen Helden! Ein schöner Held bist du. Was ist denn schon passiert? Nichts ist passiert. Und wenn du vielleicht glaubst, daß die Kinder nicht mehr an allem schuld sein werden, bloß weil es diesmal du warst, dann irrst du dich aber gewaltig. Irgendwelche Idioten werden immer behaupten, es wären die Kinder gewesen. Das gebe ich dir schriftlich."

„Eigentlich hat sie recht", sagte Anna zu Patrick.

Herr Krutzmann rieb sein rechtes Ohr zwischen Daumen und Zeigefinger. „Im Grunde ist das alles eine Lappalie. Kein Anlaß, ein Drama daraus zu machen."

In diesem Augenblick läutete es wieder.

„Jetzt kommt der Ritter mit dem Regenschirm", prophezeite Herr Kisutzki. Er öffnete die Tür.

Draußen standen zwei Polizisten.

„Wir wurden angerufen", sagte der größere. „Wegen einer Kindesmißhandlung."

Theres stieß Max an. „Das bist du", flüsterte sie. „Das hast du jetzt von deinem Gebrüll."

Der Polizist beugte sich über Max. „Was haben sie dir denn getan?"

Seine Eltern wollten für ihn antworten, aber der Polizist herrschte sie an, sie könnten sprechen, wenn sie gefragt würden.

Max fing wieder an zu heulen, leise zuerst, dann immer lauter. Es hallte im ganzen Stiegenhaus.

„Wer hat dir etwas getan?" fragte der Polizist mit sanfter Stimme.

Max machte eine Bewegung, die alle einschloß.

„Max hat nämlich...", begann Herr Stromeier.

„Ruhe!" rief der Polizist. „Alles der Reihe nach. Jeder kommt dran."

„Herr Inspektor", sagte Herr Krutzmann, „es handelt sich hier um ein Mißverständnis. Ich bin..."

„Ruhe, habe ich gesagt. Das gilt auch für Sie!"

„Aber hören Sie, ich bin..."

„Das interessiert mich nicht", schnitt ihm der Polizist das Wort ab.

Der kleine Polizist machte dem größeren Zeichen mit der Hand, mit dem Kopf, mit den Augen, aber der kniete sich neben Max auf den Boden. „Du mußt keine Angst mehr haben, jetzt kann dir niemand etwas tun. Wie heißt du denn?"

Max hörte auf zu weinen und starrte den Polizisten an. Der verlagerte das Gewicht von einem Knie aufs andere und rückte seine Kappe zurecht.

„Na?" fragte er aufmunternd.

„Warum hast du einen Schnurrbart in der Nase?" fragte Max.

Der größere Polizist stand auf. Der kleinere unterdrückte ein Grinsen.

Die Haustür wurde geöffnet, anscheinend hatte Herr Kisutzki sie nur angelehnt.

Der Besitzer des grünen Autos kam herein, seinen Regenschirm fest in der Hand. „Aha!" sagte er. „Es wird schon amtsgehandelt. Dabei hatte ich noch gar nicht angerufen ... Ich muß sagen, ich nehme mit großer Befriedigung zur Kenntnis, daß unsere Polizei weit schneller zur Stelle ist, als ich dachte ..."

„Ruhe!" brüllte der größere Polizist. Schweißtropfen standen ihm auf der Stirn. „Wir sind in ein Narrenhaus geraten", murmelte er.

Herr Krutzmann setzte noch einmal zu einer Erklärung an.

Der Polizist winkte ab. „Und wenn Sie der Bundespräsident persönlich sind, ich muß zuerst die Frage der Kindesmißhandlung klären."

Der Herr fuchtelte mit seinem Regenschirm. „Kindesmißhandlung? Ich höre immer Kindesmißhandlung. Es handelt sich um meine Autoantenne!"

Der größere Polizist atmete tief ein und langsam aus. „Sie halten überhaupt den Mund, Sie hat keiner gefragt", sagte er leise und langsam, jedes Wort einzeln betonend.

Der Herr mit dem Regenschirm erblickte Herrn Wiesner, er zeigte mit dem Finger auf ihn. „Hier! Dieser Mann ist mein Zeuge! Er hat alles gesehen."

„Ja", sagte Herr Wiesner, „ich war dabei, und ich habe Ihnen schon vor ein paar Stunden gesagt, daß die Kinder nicht ..."

„Muß ich Sie alle abführen lassen?" brüllte der Polizist.

Der Herr mit dem Regenschirm drohte, er werde sich höherenorts beschweren.

„Das können Sie halten, wie Sie wollen, aber jetzt schweigen Sie!"

Der Herr öffnete die Tür und rief über die Straße: „Edeltraud, ich hab' dir ja gleich gesagt, es waren die Kinder!"

Der kleinere Polizist schloß die Tür hinter ihm, mit Nachdruck.

Später, als alles vorbei war, behauptete Oliver, der Polizist habe geknurrt: Ein Wort noch und es passiert was. Aber alle anderen meinten, das hätte der Polizist niemals gesagt, höchstens gedacht, und beim Denken dürfe man niemandem zuhören.

Der größere Polizist beugte sich wieder zu Max. „Ich verspreche dir, daß dir keiner etwas tut. Wir sind ja da und beschützen dich. Also – wer war es?"

Max zeigte auf Oma Pospischil.

Sie wurde blaß und rot und blaß und rot.

„Ja und – was hat sie dir getan?"

„Meine ganzen Murmeln hat sie gewonnen", sagte Max.

„Also das ist doch ..." Es sah aus, als würde der größere Polizist jeden Augenblick platzen. Der kleinere zog ein Taschentuch heraus und schneuzte sich, aber Anna hatte genau gesehen, daß er feixte.

Der größere Polizist baute sich in seiner ganzen Länge vor Max auf. „Sag das noch einmal, ich bin nicht sicher, ob ich richtig gehört habe." Seine Stimme klang gepreßt.

„Meine ganzen Murmeln hat sie. Auch die große."

Der Polizist steckte beide Hände in die Hosentaschen, doch als er merkte, daß ihm alle dabei zusahen, nahm er sie wieder heraus. Er schüttelte heftig den Kopf.

„Murmeln?"

„Ja. Alle."

„Und deswegen hast du so geschrien?" Das klang gefährlich. Leise und gefährlich.

Max begann in der Nase zu bohren. Das tat er immer, wenn er verlegen wurde.

„Ja", sagte Max.

„Nein!" sagte der Polizist.

Der größere Polizist stand da, als hätte er Versteinern gespielt. Sein Kollege räusperte sich. „Soll ich die Personalien aufnehmen?"

Der größere Polizist schüttelte den Kopf. „Gehen wir."

„Und die Autoantenne?" fragte der kleinere. „Da war doch irgend etwas mit einer Autoantenne. Der Herr da ..." Er zeigte auf die Tür.

Der größere Polizist knirschte mit den Zähnen und blitzte den kleineren an. „Wir hatten eine Kindesmißhandlung zu überprüfen. Die offenbar nicht stattgefunden hat." Er musterte Max, als verstünde er nicht ganz, warum sie nicht stattgefunden hatte. „Wir gehen!"

Herr Kisutzki öffnete das Haustor.

„Eine Funkstreife mit Blaulicht!" rief Max. „Darf ich mitfahren?"

„Nein!" Der größere Polizist sprang in den Wagen und warf die Autotür heftig zu.

„Ich glaub', der mag mich nicht", stellte Max fest, als der Wagen verschwunden war.

„Warum wohl?" fragte sein Vater.

Max drehte ihm den Rücken zu. Dann fing er wieder an , in der Nase zu bohren.

Seine Mutter knöpfte zum dritten Mal die Jacke zu. Immer blieb unten entweder ein Knopf oder ein Knopfloch übrig.

Oma Pospischil meinte, eigentlich sei es doch beruhigend, daß die Funkstreife gerufen worden war. Es hätte sich ja auch um eine wirkliche Kindesmißhandlung handeln können. Und sie habe immer gehört, daß sich dann keiner einmische.

Opa Kisutzki stellte fest, daß er und die Oma glücklich ihren Zug versäumt hatten.

Die Kinder standen in einer Ecke zusammengedrängt. Sie waren sehr still.

Die Erwachsenen schwiegen ebenfalls und starrten vor sich hin, bis Frau Kolberg erklärte, sie fände es ausgesprochen ungemütlich hier im Stiegenhaus und im Hof sei es jetzt auch schon zu kalt. Ob nicht alle noch einen Sprung hinaufkommen wollten? Es gebe zwar nicht genug Stühle für alle, aber einen warmen, weichen Teppich.

VIII. Kapitel,
in dem die Seifenblasen platzen

„Im Hof ist noch jede Menge Zeug", erinnerte sich Herr Stromeier. Alle gingen hinaus, jeder schien erleichtert, etwas tun zu können, jeder packte mit an. Zuletzt baumelte nur noch ein Herz aus rot bemaltem Karton an der Teppichklopfstange.

Dann saßen alle im Wohnzimmer der Kolbergs.

„Also eigentlich gehört ihr längst ins Bett", sagte Frau Patsch. „Morgen müßt *ihr* wieder in die Schule."

„Eigentlich gehört *ihr* längst ins Bett", sagte Patrick. „Habt ihr vergessen, daß ihr heute die Kinder seid?"

„Aber wir haben morgen leider keine Schule", sagte Herr Pospischil.

„Hast du wirklich ‚leider' gesagt?" erkundigte sich Theres.

„Ja, hab' ich. Ich würde gern morgen wieder in eure Schule gehen. Übrigens: wie ist das mit einem Zeugnis?"

„Das müssen wir beraten", sagten Patrick und Anna gleichzeitig. Die Kinder gingen in Angelikas Zimmer, um eine Konferenz abzuhalten.

Frau Pospischil gab Lisa ihre Abendflasche. Frau Kolberg stellte Teewasser zu. Frau Stromeier sagte träumerisch: „Wie hübsch der Hof mit den Kreppapierrosen ausgesehen hat. Fast wie ein Gärtchen."

Herr Kolberg setzte sich auf. „Man könnte einen Garten daraus machen! Mit einer Wiese ..."

Florians Vater lachte. „Eine Wiese so groß wie ein Badezimmerteppich."

„Untertreib nicht", sagte Florians Mutter. „Fast so groß wie ein Wohnzimmerteppich, auf jeden Fall groß genug für tausend Gänseblümchen und ein paar Glockenblumen und Regenwürmer und Ameisen..."

„Warum eigentlich nicht?" fragte Frau Krutzmann in die Runde. „Wir müssen's nur angehen!"

„Aber vorher den Hausverwalter fragen", sagte ihr Mann.

Opa Pospischil gab zu bedenken, daß man in diesem Frühling keine richtigen Rosen mehr setzen könne, aber von den einjährigen Sommerblumen habe er in seinem Schrebergarten so viele gesät, daß sie gern ein paar Pflänzchen haben könnten und im Herbst Ableger von seinen Sträuchern.

„Papa", sagte Herr Pospischil, „vorläufig haben wir nicht einmal Erde! Der Boden ist hart wie Beton."

Herr Kolberg erklärte sich bereit, den Hof umzugraben und zu sehen, ob da überhaupt gute Erde sei. „Aber wenn wir Erde dazukaufen müssen, das kostet viel Geld, und ich... solange ich keine Stelle habe, kann ich einfach nicht..."

„Und ich kann nicht umgraben", sagte Herr Patsch, „weil ich bis zum Ende des Monats jeden Tag woanders bin. Jeder soll beitragen, was für ihn möglich ist: eine Stunde Arbeit, einen Sack Torf, ein paar Pflanzen oder Grassamen..."

Als die Kinder von der Zeugniskonferenz zurückkamen, war der Hof in den Köpfen der Eltern bereits ein üppig blühender Garten mit Kletterrosen und Clematis und Oleander in grünen Kübeln und Hängekörben voll Kapuzinerkresse an den Lampen, mit einem Forsythienstrauch für Frau Patsch und weißem Flieder für Frau Kolberg und Stockrosen für Herrn Kisutzki. Es wurde gerade darüber verhandelt, ob auch noch für einen Tümpel mit Schilf und Wasserlilien und Kaulquappen Platz wäre, den sich Herr Krutzmann wünschte.

„Wann fangen wir also an?" brachte Fannys Vater alle wieder in die Wirklichkeit zurück. „Ich werde jedenfalls eine Bank zimmern, über die ganze Breite des Hauses. Ich glaube, ich habe sogar das richtige Holz dafür in der Werkstatt."

„Ich hätte gern ein Radieschenbeet", sagte Gila.

„Und ich einen Kastanienbaum zum Klettern."

„Und ich eine Wiese zum Federballspielen."

„Und ich ein Erdbeerbeet."

„Und ich einen Kaninchenstall."

Alle riefen durcheinander, hatten immer neue Wünsche und Vorschläge, bis Herr Pospischil sagte: „Und ich hätte gern ein Zeugnis für den heutigen Tag."

„Also für ein Zeugnis ist es noch zu früh", erklärte Anna. „Nach einem Tag bekommt man noch kein Zeugnis, da hat man ja gerade erst angefangen zu lernen."

„Und wir haben nicht alle Unterrichtsgegenstände gehabt", ergänzte Oliver, dem es besonders leid tat, daß sie nicht dazu gekommen waren, Frösche, Spinnen und Regenwürmer anzufassen.

„Im Nichtstun hätten wir allen einen schlechten Fünfer geben müssen", erklärte Cornelius. „Aber wir wollten euch den Tag nicht verderben."

„Mit Pfützenspritzen war auch nichts", fügte Felix hinzu.

„Das war aber nun wirklich nicht unsere Schuld", wehrte sich sein Vater. „Es gab weit und breit keine einzige Pfütze."

„Man kann auch Pfützen machen", sagte Felix

sachlich. „Den Finger in den Wasserhahn stecken und groß aufdrehen..."

Frau Kolberg sagte: „Hier spricht der Fachmann."

Theres erinnerte sich, daß sie auch nicht zum Ausredenerfinden gekommen waren.

Anna kehrte beharrlich zum Thema zurück. „Also Zeugnisse bekommt ihr nicht, haben wir beschlossen, aber ihr wart alle viel besser, als wir gedacht hätten, besonders bei den Streichen und überhaupt."

Die Kinder klatschten.

Die Erwachsenen standen auf und verbeugten sich. Nur Opa Pospischil sagte: „Mein Rheumatismus und ich, wir bleiben sitzen. Aber ihr habt völlig recht, ich war selbst ganz überrascht über uns. Hätte ich uns nicht zugetraut."

„Wir euch auch nicht", murmelte Theres, und alle lachten.

Sogar Frau Wiesner erklärte, sie habe sich jedenfalls keine Minute gelangweilt. Womit sie keineswegs behaupten wolle, daß sie immer mit allem einverstanden gewesen wäre.

Das hatte ja nun auch wirklich niemand erwartet.

Cornelius stieß Anna an, sie nickte und flüsterte Max etwas zu. Er lief hinaus und kam mit Angelikas Kopfkissen in beiden Händen würdevoll und langsam wieder zurück. Auf dem Kopfkissen lag ein blaues Röhrchen.

Anna öffnete es, blies eine große schillernde Seifenblase und pustete sie auf Oma Pospischils Brust. Dazu sagten die Kinder feierlich im Chor: „Wir überreichen dir den großen Seifenblasenorden."

Dann bliesen sie der Reihe nach alle Erwachsenen an und wiederholten bei jedem: „Wir überreichen dir den großen Seifenblasenorden."

Die Seifenblase auf Frau Wiesners Schulter rollte lange hin und her. Frau Wiesner hielt den Atem an, und als die Seifenblase zerplatzte, seufzte sie.

Nachdem alle ihre Orden bekommen hatten, pustete Max alles, was noch im Röhrchen war, aus dem Fenster. Die leuchtenden Seifenblasen schwebten über die Straße und glänzten im Licht der Straßenlaternen. Alle drängelten sich hinter Max und wollten auch einmal blasen, Kinder wie Erwachsene.

Angelika kicherte. „Wenn das der Ritter Regenschirm sehen könnte!"

Eine besonders große Seifenblase segelte über das Dach des gegenüberliegenden Hauses.

Florian flüsterte: „Ich hab' immer geglaubt, ich weiß, wie die Großen sind. Aber die können ja ganz anders sein."

Trotzdem fanden die Mütter, es sei nun wirklich allerhöchste Zeit, ins Bett zu gehen. „Auch der schönste Kindertag hat ein Ende", sagten sie.

Patrick schimpfte. „Da sieht man's wieder. Kaum lobt man sie, geht die alte Leier wieder los."

Man merkte, daß es auch den Erwachsenen schwerfiel, sich loszureißen. Jeder versicherte jedem, wie schön es gewesen sei.

Herr Wiesner packte Cornelius am Arm. „Eine Frage noch: wann ist der nächste Schultag?"

„Ich sag's ja: du kannst nie genug kriegen", murrte seine Frau. „Aber damit du es nur weißt, bis zum nächsten Mal übe ich dieses ekelige Kaugummikauen, und dann werdet ihr alle eure blauen Wunder erleben."

Herr Wiesner sah sie mitleidig an. „Rosarote Wunder, meine Liebe, nicht blaue. Blauen Bubblegum gibt es nämlich nicht!"

Seine Frau fand ihn furchtbar rechthaberisch, und er fand sie furchtbar uneinsichtig, und Frau Kolberg stellte fest, daß das Teewasser verdampft war und der Teekessel glühte, und Anna stellte fest, daß sie noch ihr Mathematikheft unterschreiben lassen mußte, und Frau Stromeier stellte fest, daß Fanny unter dem Tisch eingeschlafen war, und jeder schüttelte jedem zum Wer-weiß-wievielten-Mal die Hand.

Als alle gegangen waren, ließ sich Frau Kolberg in einen Sessel fallen und sagte zu ihrem Sohn: „Ich hab' gar nicht gewußt, wie anstrengend es ist, ein Kind zu sein. Aber schön war's. Wirklich schön. Ich bin sehr neugierig, wie das jetzt weitergeht."

Er nickte, dann gähnte er. „Also zuerst einmal kommt der Garten." Er gähnte wieder. „Aber muß es ausgerechnet weißer Flieder sein? Lila ist doch viel hübscher."